W0109728

BUDDHA FÜR DIE HANDTASCHE

Susanne Seethaler

IRISIANA

Inhaltsverzeichnis

Vorwort

SEIT VIELEN JAHREN begleitet mich nun schon der Buddhismus, im Alltag und auf meinen Achtsamkeitskochkursen. Meditations- und Achtsamkeitspraxis sind aus meinem Leben nicht mehr wegzudenken. Die buddhistische Philosophie ist längst zu meiner Herzensangelegenheit geworden, und das regelmäßige Meditieren, das Sitzen, erfüllt mich stets aufs Neue mit großer Freude.

Der *Buddha für die Handtasche* spiegelt meinen sehr persönlichen Erfahrungs- und Wissensstand wider. Mit Lehrern und meinen buddhistischen Freunden, die über den gesamten Globus verteilt sind, konnte ich verschiedene Fragen diskutieren, die während des Schreibens auftauchten. Dennoch liegt jeder Fehler, der sich vielleicht eingeschlichen hat, ganz in meiner Verantwortung.

Der Buddha hatte den steten Wandel (*Anicca*), der allem zugrunde liegt, zutiefst erkannt – und er nahm seine Lehren davon nicht aus: Er war sich sehr bewusst, dass sich im Laufe der Zeit auch der *Dharma,* seine Lehre, weiterentwickeln würde. Er forderte seine Schüler – also auch uns – auf, seine Erkenntnisse zu überprüfen und mit den eigenen Erfahrungen abzugleichen. So sind wir alle aufgerufen, unsere Praxis zum Wohle aller, auch uns selbst gegenüber, zu verfeinern und zu verändern, wann immer es nötig ist.

Viele sehr kluge Köpfe haben sich mit den Schriften des Buddha und seiner Nachkommen auseinandergesetzt. Sich mit diesen Menschen – unter ihnen Universitätsprofessoren, religiöse Führer, Historiker, namhafte Meditationslehrer – auf gleiche Augenhöhe zu begeben, wäre aus meiner Sicht mehr als vermessen.

Betrachten Sie den *Buddha für die Handtasche* lediglich als eine Aufforderung an Ihr Herz, sich zu öffnen und weiter zu wachsen, damit Liebe und Mitgefühl in ihm mehr und mehr Platz finden können. Das ist mehr als genug und eine der schönsten Aufgaben, die wir Menschen uns selbst stellen können!

Der Buddha

DER HISTORISCHE BUDDHA SHAKYAMUNI erblickte als Siddhartha Gautama vor mehr als 2500 Jahren in Nepal das Licht der Welt. Die genauen Geburts- und Todestage sind nicht bekannt und auch über sein weltliches Leben weiß man so gut wie nichts. Viele Überlieferungen die Lebensgeschichte des Buddha betreffend stammen also aus dem Bereich der Sagen und Legenden.

Demnach starb seine Mutter Maya sieben Tage nach seiner Geburt. Hineingeboren in eine adelige und wohlhabende Welt, fehlte es dem jungen Siddhartha dennoch an nichts. Er wuchs wohlbehütet von seinem Vater Suddhodana und seiner Tante, der Schwester seiner Mutter, zu einem jungen Mann heran, ohne je zuvor mit Krankheit, Alter oder gar dem Tod in Berührung gekommen zu sein.

Erst im Alter von 29 Jahren begegnete er bei vier Ausflügen außerhalb der Palastmauern alten, armen, schwer arbeitenden, unglücklichen, kranken und siechen Menschen. In diesen Tagen sah er außerdem einen verwesenden Leichnam und er traf auf einen asketischen Wandermönch. All dies erschütterte und revolutionierte sein bisheriges Leben zutiefst.

Er beschloss, seinen Vater, seine Ehefrau und seinen gerade erst geborenen Sohn zu verlassen, um den Ursprung des

Leidens aller Lebewesen zu finden und zu überwinden. Dadurch ging eine Prophezeiung in Erfüllung, die kurz nach seiner Geburt ausgesprochen worden war: Entweder würde der Junge mit Erreichen des Erwachsenenalters ein Weltherrscher werden – oder aber ein großer Heiliger, falls er irgendwann die Chance bekommen würde, dem Leid in seinem ganzen Ausmaß zu begegnen.

Das Abschotten des Jungen von der Welt hatte also nichts genützt: Siddhartha begab sich auf Wanderschaft und auf eine spirituelle Suche, die sechs Jahre andauern sollte – sehr zum Leidwesen seines Vaters, der den Sohn gerne auf dem Thron gesehen hätte.

Auf seinem Weg begegneten dem jungen Mann viele yogische Asketen, die wie er große Entbehrungen auf sich nahmen, um ihrem Ziel der Erleuchtung näher zu kommen. Er eignete sich verschiedene Meditationstechniken an und versuchte es sogar selbst über einen langen Zeitraum hinweg mit strenger Askese, doch den Schlüssel zum Leid und die Befreiung daraus fand er auf diesem Wege nicht.

In einem Moment großer Klarheit erkannte Siddhartha eines Tages, dass ihn körperliche Kasteiung, wie auch immer sie geartet war, nicht weiter bringen würde.

Er beschloss, sich meditierend unter einen Baum zu setzen und solange nicht aufzustehen, bis er Befreiung erlangt hätte. Die Legenden besagen, dass sich alle Götter und Heerscharen des Universums jubelnd zusammenfanden, um diesen entscheidenden Schritt zu feiern.

So geschah es, dass Siddhartha nach nur sieben Tagen, in der Vollmondnacht zu seinem 35. Geburtstag, unter dem berühmten Bodhibaum im indischen Bodhgaya die Erleuchtung erlangte und sich fortan als *Buddha* bezeichnete: als „Erwachter".

In jener Nacht überwand Siddhartha das Leiden. Er durchschaute das Anhaften, die Begierde und jegliche Unwissenheit, obwohl es ihm Mara, der „Herr der Finsternis", zusammen mit seinen verführerischen Töchtern und einer großen Armee von grausamen Kriegern nicht gerade leicht machte.

Mara – ein Symbol für die inneren Kräfte, die uns umtreiben – bot all seine Künste auf, um den in Meditation versunkenen Mann von seinem Vorhaben abzuhalten. Doch der angehende Buddha rief alle guten Mächte zu Hilfe und blieb eisern sitzen.

„Nicht weichen werde ich von diesem Ort
– und möge auch mein Körper verfaulen –,
bis ich nicht Erleuchtung erlangt habe!"

Nach seiner Erleuchtung verharrte der Buddha sieben weitere Tage – manche Schriften sprechen auch von sieben Wochen – in tiefer Meditation unter dem Bodhibaum.

Während dieser Zeit der Innenschau erkannte er den Weg, der aus dem irdischen Leid herausführen würde. Danach jedoch zögerte der Buddha zunächst, sein Wissen weiterzugeben. Er war sich nicht sicher, ob die Menschen verstehen würden, was er ihnen zu sagen hatte. Aber dann setzte er doch das „Rad der Lehre", den *Dharma,* in Bewegung, nahm Schüler und Schülerinnen an und lehrte bis an sein Lebensende.

45 Jahre nach seinem Erwachen unter dem Bodhibaum starb der Buddha im hohen Alter von 80 Jahren im Kreise seiner engsten Schüler und Wegbegleiter. Mit seinem Tod durchbrach er den Kreislauf der Wiedergeburten und trat in das endgültige *Nirvana* ein.

Handhabung der Karten

DER BUDDHA FÜR DIE HANDTASCHE möchte im wahrsten Sinne des Wortes ein „Wegbegleiter“ sein, um Ihnen einige der wichtigsten Aspekte der buddhistischen Philosophie zugänglich zu machen. Der Schwerpunkt der Karteninhalte liegt dabei auf dem Kultivieren von Achtsamkeit, Geistesruhe, Konzentration und Mitgefühl – alles Dinge, die Sie auch im Alltag wunderbar verwirklichen können.

Die Texte der Karten, die Sie wahllos ziehen oder aber auch in der vorgegebenen, durchnummerierten Reihenfolge benutzen können, dienen der Kontemplation und beziehen sich immer auf das Zitat auf der jeweiligen Vorderseite.

Gleichzeitig wird mit den Meditationen im Buch die Möglichkeit der Vertiefung geboten. Sie finden auf jeder Karte die passende „Hauptmeditation“ als Hinweis, welche Praxis am besten zum jeweiligen Text passt. Die genannte Übung stellt einen direkten Bezug zum Kartentext her und hilft Ihnen, das Gelesene zu verinnerlichen.

Aber nicht nur die vorgeschlagenen Hauptmeditationen verhelfen Ihnen zu einem besseren Verständnis der einzelnen Texte, auch alle anderen Meditationen tragen gleichermaßen dazu bei, Ihre Meditationspraxis zu stabilisieren, um Einsicht und Klarheit zu gewinnen und um Ihren Geist immer konzentrierter werden zu lassen.

So kann beispielsweise zur Vertiefung von *Bodhichitta*, dem Erwachen des Herzens (z. B. Nr. 24), statt der empfohlenen *Tonglen*-Praxis auch eine Gehmeditation dienlich sein, weil sie den Geist zunächst beruhigt, bevor Sie dann Ihr Herz öffnen können. Oder Sie praktizieren statt der mehrfach vorgeschlagenen *Vipassana*-Meditation lieber eine der Atemmeditationen, um den steten Wandel zu begreifen.

Für alle Meditationen in diesem Buch gilt zum einen: Sie möchten Weisheit, Einsicht, Klarheit und Liebe zum Wachsen bringen. Und zum anderen: Sie können keine falsche Wahl treffen. Durchweg alle Meditationen sind mit den unterschiedlichsten Karten kombinierbar, lassen sich also gut variieren und sind leicht zu erlernen – Sie müssen sich also nicht zwingend an die Empfehlung auf der Karte halten. Finden Sie einfach heraus, welche Formen Ihnen am besten liegen!

Die Karten des *Buddha für die Handtasche* sind ganz darauf ausgerichtet, Ihren Alltag mit buddhistischer Philosophie zu bereichern. Anders als im herkömmlichen Sinne, wo es oft darum geht, sich die Weisheit des Buddha anhand von Büchern anzueignen, ist es Ihnen mithilfe des Kartensets möglich, schnell und konzentriert auf einzelne Aspekte der Lehren zuzugreifen und sich inspirieren zu lassen.

Jede Karte möchte Sie dazu anregen, Ihr Leben erfüllter, glücklicher und liebevoller zu gestalten. Ob Sie die Karten täglich ziehen oder nach einem anderen, selbstgewählten Rhythmus, bleibt dabei ganz Ihnen überlassen.

Der Weg, den der Buddha einst für sich und für uns alle entdeckt hat, ist ein Weg des Verstehens und der Liebe. In diesem Sinne können Sie das Kartenset auch der Reihenfolge nach benutzen: Wie auf einem Pfad mit Pflastersteinen, die Weisheit, Erkenntnis und allumfassende Liebe symbolisieren, werden Sie sanft, aber stetig dazu aufgefordert – ähnlich einem kleinen Kurs – in der vorgegebenen Nummerierung den Karten zu folgen, um so Schritt für Schritt immer tiefer ins eigene Herz einzutauchen.

Bewusst habe ich dabei auch einfachere Karten mit allgemeineren Texten oder kleinen Meditationen „zum Ausruhen" eingestreut – imaginäre Parkbänke auf dem Weg zur Befreiung.

Zudem wiederholen sich einige Themen regelmäßig und werden auf verschiedenen Karten von allen Seiten beleuchtet, wie der Hinweis darauf, dass laut dem Buddha kein eigenständiges und festes Selbst existiert. Dies gibt Ihnen Zeit und ermöglicht Ihnen ein tieferes und nachhaltiges Verstehen von buddhistischen Gedankengängen, die sich auf den ersten Blick nicht gleich erschließen.

Meditation – allgemeine Praxis und Anleitung

FÜR DEN BUDDHA lag das Hauptaugenmerk vieler seiner Meditationsanleitungen auf dem „Sinneskontakt mit der Welt". Wir Menschen machen so gut wie jede unserer Erfahrungen über die Empfindungen des Körpers und über seine Sinneseindrücke; der Körper bildet deswegen unsere Basis für die Meditation: Wir konzentrieren uns beispielsweise auf den Fluss des Atems und beobachten dabei die Erfahrungen und Empfindungen, die durch das Ein- und Ausatmen in unserem Körper hervorgerufen werden. Oder wir spüren den Gefühlen nach, indem wir ganz genau fühlen, wo sie ihre Resonanz im Körper haben: Aufsteigende Hitze bei Wut, Verkrampfungen in der Bauchgegend und Schweißausbrüche bei Angst oder ein Gefühl von Enge in der Kehle und Tränen, wenn Trauer sich Bahn brechen möchte.

Der Körper ist ein unmittelbares und wichtiges Werkzeug für unsere Praxis. Wir spüren die Fußsohlen auf der Erde während der Gehmeditation oder erfahren das Gefühl von Weite im Herzen, wenn wir *Metta* – liebende Güte – praktizieren. Die meisten Meditationsformen werden im Rahmen der verschiedenen, buddhistischen Traditionen formell im Sitzen praktiziert, dabei variieren mitunter die Anweisungen und sind mal mehr, mal weniger „streng". Allen gemeinsam ist aber eine aufrechte Haltung. Sie ist von entscheidender Bedeutung, denn nur so kann der Atem ungehindert fließen; zudem begünstigt diese Körperhaltung die Konzentrationsfähigkeit des Geistes.

Tipps für eine erfolgreiche Meditationspraxis

- Wählen Sie einen ruhigen Ort für die Meditation. Der Buddha empfahl seinen Mönchen einst Orte wie einsame Höhlen, Berggipfel oder gar abgelegene Plätze unter Bäumen, inmitten der Wildnis eines Dschungels.
- Falls Sie die eine oder andere Meditationsform zu Ihrer täglichen Praxis machen und als festen Bestandteil in Ihren Alltag integrieren wollen, dann reicht es vollkommen, wenn Sie sich eine ruhige Ecke in Ihrem Zuhause dafür reservieren und dementsprechend einrichten.
- Wenn Sie auf einem Sitzkissen oder einem sogenannten Sitzbänkchen meditieren wollen, dann ist eine etwas dickere Unterlage ratsam – gegen Kälte von unten und als Abfederung gegen die Härte des Bodens. Aber auch beim Sitzen auf einem Stuhl hat sich eine weiche Unterlage für die Fußsohlen bewährt.
- Während des stillen Sitzens über einen längeren Zeitraum hinweg kühlt der Körper leicht aus. Dagegen hel-

fen wollene Tücher oder eine wärmende Decke, die Sie sich über die Schultern legen oder um die Taillenmitte wickeln können.

- Ein kleiner Meditationswecker – in Fachhandel erhältlich – zum Einstellen der Sitzzeit verhindert, dass Sie während der Meditation immer wieder auf die Uhr schauen müssen.
- Sorgen Sie dafür, dass Sie während der Meditation nicht gestört werden – schalten Sie Ihr Handy und andere Geräte wie Radio und Fernseher aus und den Anrufbeantworter Ihres Telefons an.
- Überfordern Sie sich nicht: Anfangs reichen 10 bis 15 Minuten Meditationszeit vollkommen aus. Steigern Sie sich langsam. Es ist ratsam, sich feste Zeiten für die Praxis vorzunehmen, etwa am Morgen vor oder nach dem Frühstück oder am Abend vor dem Schlafengehen.
- Es ist hilfreich jede Sitzung mit ein paar bewussten Atemzügen zu beginnen und zu beenden.

Grundanleitung zur Sitzmeditation

Alle Meditationen, die auf den folgenden Seiten dieses Büchleins als „Begeben Sie sich in Meditationshaltung" angeleitet werden, haben als Basis die Grundanleitung, die ich auf den folgenden Seiten erläutere.

Sie können Sitzmeditation klassisch auf einem Kissen praktizieren, aber auch auf einem extra dafür vorgesehenem Bänkchen oder einem normalen Stuhl Platz nehmen. Wichtig ist, wie bereits erwähnt, eine aufrechte Haltung, egal ob Sie nun im Lotos sitzen, knien oder den Stuhl bevorzugen.

Auf dem Meditationskissen

Setzen Sie sich mit verschränkten Beinen, also im Schneidersitz, auf Ihr Meditationskissen. Legen Sie sich eine weiche Unterlage auf den Boden unter das Kissen, sodass die Knie bequem aufliegen können. Zusätzliche kleine Kissen, die Sie sich zum Abstützen unter die Knie schieben können, haben sich in dieser Sitzhaltung bewährt.

Entspannen Sie Ihr Becken und die Hüften, indem Sie Ihren Unterleib leicht nach vorne „kippen“ lassen, und richten Sie sich aus dem Steißbein heraus nach oben auf. Experimentieren Sie mit Ihrer Haltung, bis Sie sich im wahrsten Sinne des Wortes entspannt und locker niedergelassen haben.

Lassen Sie Ihre Wirbelsäule nach oben „wachsen“ und sich ganz von allein ausrichten. Stellen Sie sich vor, dass Ihr Haupt anmutig und würdevoll eine Krone trägt. Der Kopf balanciert mühelos auf dem Hals, so können sich auch die Schultern entspannen.

Legen Sie die Hände locker auf den Oberschenkeln ab, die Handflächen nach oben oder unten gerichtet. Sie können auch mit den ineinander gelegten Handflächen eine Schale bilden, die leicht in Ihrem Schoß ruht.

Auf dem Sitzbänkchen

Das Meditieren auf dem Bänkchen entlastet die Hüften und schont die Knie. Eine zusätzliche, weiche Unterlage auf dem Boden ist auch hier ratsam.

Begeben Sie sich nun mithilfe des Bänkchens in den Fersensitz. Experimentieren Sie mit Ihrer Haltung, bis Sie das Gefühl haben, dass Sie bequem sitzen.

Richten Sie dann Ihre Wirbelsäule auf. Viele Bänkchen sind leicht nach vorne geneigt, sodass Sie automatisch in die richtige Position kommen. Entspannen Sie den Schulterbereich und lassen Sie Ihren Kopf leicht und locker auf dem Hals thronen.

Legen Sie Ihre Handflächen auf die Oberschenkel – entweder nach oben oder nach unten gerichtet – oder bilden Sie mit den Händen eine Schale, die leicht in Ihrem Schoß ruht.

Auf dem Stuhl

Manchmal ist ein Keilkissen, das Sie im Fachhandel bekommen, beim Meditieren auf einem Stuhl hilfreich. Es bewirkt ein sanftes Kippen des Beckenbereichs, sodass sich die Wirbelsäule besser aufrichten kann.

Setzen Sie sich etwas weiter vorne als üblich auf den Stuhl und stellen Sie die Füße hüftbreit auseinander und parallel zueinander; die Fußsohlen fest auf den Boden. Legen Sie sich gegebenenfalls eine warme Unterlage unter die Füße. Richten Sie sich aus dem Becken heraus auf und versuchen Sie, Hals und Schultern zu entspannen.

Der Kopf „schwebt" nun regelrecht auf dem Ende Ihrer Wirbelsäule. Ziehen Sie das Kinn minimal Richtung Brustkorb, so können die Nackenpartie und der Schulterbereich noch etwas nachgeben.

Legen Sie Ihre Hände, mit den Handflächen nach oben oder nach unten, auf die Oberschenkel oder bilden Sie damit eine lockere Schale, die in Ihrem Schoß ruht.

In der Regel lehnt man sich während der Meditation nicht an. Wichtig ist aber vor allem, dass Sie entspannt sind. Erzwingen Sie also nichts und lehnen Sie sich an, wenn Sie sich unwohl fühlen oder krank sind.

Achtsamkeitsmeditationen

DIE ACHTSAMKEIT entspringt unserer natürlichen Fähigkeit, aufmerksam zu sein. Wenn wir achtsam sind, dann wissen wir ganz genau, was wir tun. Geschieht ein Augenblick der Achtsamkeit, dann manifestiert sich in diesem Moment vollkommenes Gewahrsein: Wir sind uns unserer körperlichen, geistigen und verbalen Handlungen mit großer Klarheit bewusst. Dieses achtsame Bewusstsein ist durchströmt von Akzeptanz und Sanftheit – aus ihm heraus lassen sich weise und mitfühlende Entscheidungen treffen.

Ein Moment der Achtsamkeit nährt unser Herz auf mütterliche Weise. Achtsamkeit ist ein Akt liebevoller Zuwendung. Begegnen wir uns selbst, den Dingen, die uns umgeben, und anderen Lebewesen mit Achtsamkeit, dann entsteht wirklicher Kontakt. Wenn wir, ohne zu urteilen, dem Leben gegenübertreten, es wach betrachten und unser Herz allem öffnen, was sich uns zeigen möchte, dann sind wir achtsam. Achtsam zu leben bedeutet, sich nicht mehr getrennt von allem zu fühlen. Gerade die Achtsamkeitsmeditation beschränkt sich aber nicht auf eine mehr oder weniger kurze Zeitspanne auf dem Meditationskissen, sie will im Alltag gelebt werden. In jedem von uns ist die Achtsamkeit wie ein Samen bereits angelegt und mit ein wenig Übung kann sie zum Blühen gebracht werden.

Meditation basiert auf Achtsamkeit (*Sati*). Wir beobachten achtsam den Atem, wir praktizieren mit Achtsamkeit Gehmeditation oder wir genießen achtsam unser Essen. Achtsamkeit ist die Grundvoraussetzung, um Einsicht und Erkenntnis zu erlangen. Der Buddha maß *Sati* einen sehr hohen Stellenwert zu.

Achtsamkeitsmeditation im Sitzen

Begeben Sie sich in Meditationshaltung und schließen Sie die Augen. Achten Sie schon während des sich Setzens auf die Geschehnisse im Körper.

Beobachten Sie, wie er sich von der stehenden Position in die sitzende begibt und verfolgen Sie mit Ihrer Aufmerksamkeit diese Bewegungsabläufe so wach wie möglich. Achtsamkeit geschieht genau in diesem Moment!

Praktizieren Sie das nun ebenso mit dem Atem: Beobachten Sie sorgfältig wie Ihr Körper ein- und ausatmet.

Bemerken Sie dabei auch Ihre Gedanken, das Abschweifen des Geistes und kommen Sie immer wieder zum Atem zurück. Bleiben Sie der achtsame Beobachter.

Genau wie alle Phänomene unterliegt die Achtsamkeit dem steten Wandel – sie kommt und sie geht auch wieder. Durch das stille Sitzen in Meditation und durch die Ausrichtung der Konzentration auf ein Objekt, etwa auf den Atem, bieten wir der Achtsamkeit ideale Bedingungen, um entstehen zu können. So erfahren wir unmittelbar, was gerade geschieht – ohne zu urteilen oder einzugreifen.

Wenn Sie möchten, dann bleiben Sie während der gesamten Meditation achtsam beim Atem. Sie können aber auch nach einigen Minuten Ihr Übungsfeld weiter ausdehnen, indem Sie andere Empfindungen Ihres Körpers mit in die Meditation nehmen. Versuchen Sie, z. B. Schmerzen, Verspannungen, Kribbeln und Jucken auf der Haut, Müdigkeit oder Unruhe ebenfalls achtsam zu begegnen.

Setzen Sie sich dabei nicht unter Druck und nehmen Sie immer wieder Ihren Atem, das achtsame Ein- und Ausatmen, als Anker zu Hilfe. Beenden Sie die Meditation mit einigen bewussten Atemzügen.

Achtsamkeitsmeditation im Alltag

Für den Buddha war es von entscheidender Bedeutung, dass die Achtsamkeitspraxis nicht nur auf das Meditationskissen beschränkt bleibt. Er hielt seine Schüler dazu an, jedem Augenblick im Alltag mit Achtsamkeit zu begegnen – vom Aufwachen am Morgen bis zum Schlafengehen.

All unsere Erfahrungen während des Tages können in unser Übungsfeld miteinbezogen werden. Es bieten sich zum Praktizieren vor allem jene Alltagsverrichtungen an, die sich tagtäglich wiederholen wie das Zähneputzen oder das Abwaschen von Geschirr.

Unser Tagesablauf ist geprägt von vielen kleinen Bewegungen, die täglich fast gleich ablaufen: Wir öffnen und schließen diverse Türen, benutzen auf dem Weg zur Arbeit die gleichen Treppen und wir berühren vertraute Dinge wie unseren Computer oder andere Alltagsgegenstände. Wählen Sie sich zu Beginn der Alltagspraxis einen solchen Vorgang, der sich in Ihrem Leben täglich wiederholt. Starten Sie diese Übung zunächst mit einem kleinem Handgriff wie dem Öffnen des Wasserhahns morgens im Bad:

Richten Sie für diesen kurzen Moment des Berührens die Aufmerksamkeit auf die Bewegung der Hand und auf die Abläufe im Körper. Fühlen Sie die Glätte und die Kühle des Griffs in der Handfläche? Hören Sie das Wasser rauschen und spüren Sie zeitgleich auch die Füße auf dem Boden?

Beachten Sie die Bewegungen der Finger. Versuchen Sie, alles so wach wie möglich wahrzunehmen und bewerten Sie nichts.

Wiederholen Sie diese Übung jeden Tag. Mit der Zeit wird sich eine Art Automatismus einstellen: Ihr Geist schaltet in den Achtsamkeitsmodus, sobald Sie den Wasserhahn berühren.

Diese Übung lässt sich beliebig erweitern. So kann jede noch so einfache Tätigkeit in Ihrem Alltag zu einer „Insel der Achtsamkeit“ werden. Gerade auch die unbeliebten Tätigkeiten wie putzen bekommen dadurch einen zusätzlichen Wert.

Atemmeditationen

MEDITATIONEN, die auf den Atem ausgerichtet sind, helfen dem Geist – und somit auch dem Körper –, sich zu beruhigen und gleichzeitig klarer und wacher zu werden. Vielen Meditationsformen ist die Ausrichtung auf den Atem vorangestellt, um den Geist leichter sammeln und konzentrieren zu können.

Aber auch während der diversen Meditationstechniken können Sie sich immer wieder mit dem Atem verbinden, egal ob Sie Gehmeditation, *Vipassana* oder Körperübungen wie Yoga und Thai Chi praktizieren. Auch beim Singen von Mantras spielt der Atem eine wichtige Rolle.

Die Ruhe des Geistes wird in den Schriften immer wieder betont; sie ist eine der Grundvoraussetzungen für die Sammlung und letztlich die Basis für Einsicht und Erkenntnis.

Die Atemmeditation an sich zählt zu den sogenannten „Objekt-Meditationen", bei denen Achtsamkeit und Konzentration auf ein Objekt ausgerichtet sind. Das können, neben dem Fluss des Atems, auch Gegenstände (eine brennende Kerze, eine Blume oder ein Bildnis des Buddha) sein.

Das Sutra des achtsamen Atmens

Im *Sutra des achtsamen Atmens* zeigt der Buddha genau auf, was geschieht, wenn wir regelmäßig Atemmeditation praktizieren: Zunächst entspannen sich Körper und Geist, dann kommt Freude auf und Glück wird erfahren.

Im Laufe der Praxis wird der Geist immer stiller, konzentrierter, aber auch geschmeidiger – Versenkung wird erfahren; bis schließlich tiefe Weisheit gewonnen wird, die alleine mit dem Verstand nicht erfasst werden kann. All dies wird vom Praktizierenden betrachtet, während er gleichzeitig ruhig – also „geschickt“ – beim Beobachten des Atems bleibt.

Der Buddha begann seine Lehrrede über das achtsame Atmen mit folgenden Worten: „Mönche! Dies ist, wie die Praxis des achtsamen Atmens hilft, unseren Körper friedvoll zu machen, uns positive Untersuchungen und Betrachtungen anzueignen, unseren Geist ruhig und rein zu machen, Wahrnehmungen zu Weisheit werden zu lassen und unsere Praxis zur Vollendung zu bringen.“ Und weiter:

1. Geschickt praktiziert er – der Mönch oder der Praktizierende – das Einatmen, sich seines Einatmens voll bewusst. Geschickt praktiziert er das Ausatmen, sich seines Ausatmens voll bewusst.
2. Geschickt praktiziert er, einen langen oder einen kurzen Atemzug einzuatmen, sich seines langen oder kurzen Einatmens voll bewusst. Geschickt praktiziert er einen langen oder kurzen Atemzug auszuatmen, sich seines langen oder kurzen Ausatmens voll bewusst.

3. Geschickt praktiziert er einzuatmen, sich seines ganzen Körpers voll bewusst. Geschickt praktiziert er auszuatmen, sich seines ganzen Körpers voll bewusst.
4. Geschickt praktiziert er einzuatmen, seinen ganzen Körper entspannend. Geschickt praktiziert er auszuatmen, seinen ganzen Körper entspannend.
5. Geschickt praktiziert er einzuatmen, Freude empfindend. Geschickt praktiziert er auszuatmen, Freude empfindend.
6. Geschickt praktiziert er einzuatmen, Glück empfindend. Geschickt praktiziert er auszuatmen, Glück empfindend.
7. Geschickt praktiziert er einzuatmen, sich seiner Gefühle bewusst. Geschickt praktiziert er auszuatmen, sich seiner Gefühle bewusst.
8. Geschickt praktiziert er einzuatmen, seine Gefühle beruhigend. Geschickt praktiziert er auszuatmen, seine Gefühle beruhigend.
9. Geschickt praktiziert er einzuatmen, sich seines Geistes bewusst. Geschickt praktiziert er auszuatmen, sich seines Geistes bewusst.
10. Geschickt praktiziert er einzuatmen, seinen Geist erfreuend. Geschickt praktiziert er auszuatmen, seinen Geist erfreuend.
11. Geschickt praktiziert er einzuatmen, seinen Geist konzentrierend. Geschickt praktiziert er auszuatmen, seinen Geist konzentrierend.

12. Geschickt praktiziert er einzuatmen, seinen Geist befreiend. Geschickt praktiziert er auszuatmen, seinen Geist befreiend.
13. Geschickt praktiziert er einzuatmen, Unbeständigkeit tief betrachtend. Geschickt praktiziert er auszuatmen, Unbeständigkeit tief betrachtend.
14. Geschickt praktiziert er einzuatmen, Loslassen tief betrachtend. Geschickt praktiziert er auszuatmen, Loslassen tief betrachtend.
15. Geschickt praktiziert er einzuatmen, Nicht-Verlangen tief betrachtend. Geschickt praktiziert er auszuatmen, Nicht-Verlangen tief betrachtend.
16. Geschickt praktiziert er einzuatmen, Beenden tief betrachtend. Geschickt praktiziert er auszuatmen, Beenden tief betrachtend.

Der Buddha beendete seinen Vortrag mit den Worten: „Liebe Freunde, lasst uns diese Praxis des achtsamen Atmens genießen. Wenn ein Mönch weiß, wie man geschickt das achtsame Atmen praktiziert und dies konsequent tut, dann wird er seinen Körper und seinen Geist friedvoll finden; er wird sich positive Untersuchungen und Betrachtungen aneignen. Sein Geist wird ruhig sein und er wird Wahrnehmungen haben, die zu Weisheit führen und seine Praxis zur Vollendung bringen."

Atemzüge zählen

Das Zählen der Atemzüge ist eine von vielen Varianten der Atemmeditation. Der Geist entspannt und stabilisiert sich dabei gleichzeitig. So kann er wach und frisch beim Meditationsobjekt, also beim Fluss des Atems bleiben, ohne mit der Konzentration abzuschweifen.

Begeben Sie sich in Meditationshaltung und schließen Sie die Augen. Gehen Sie mit der Aufmerksamkeit zu jener Stelle des Körpers, wo Sie den Atem am besten spüren: zum Heben und Senken der Bauchdecke oder des Brustkorbs oder zum zarten Luftstrom in den Nasenlöchern.

Betrachten Sie ein paar Atemzüge lang das Geschehen, bevor Sie sich dem Zählen der Atemzüge zuwenden. Lassen Sie Ihren Atem fließen, ohne ihn dabei zu beeinflussen.

Sprechen Sie nun im Stillen beim Ausatmen die Zahl „zehn“, dann atmen Sie wieder ein. Zählen Sie runter bis „eins“: einatmen – ausatmen „neun“ … einatmen – ausatmen „acht“ …

Beginnen Sie dann wieder bei „zehn“ und wiederholen Sie den Zyklus, so oft Sie möchten. Achten Sie aber darauf, nicht „mechanisch“ zu werden, sonst stumpft Ihre Konzentration ab und der Geist verliert sich in der Gedankenwelt. Spüren Sie stattdessen bei jedem Atemzug genau hin und setzen Sie die Zahlen wie eine Art sanftes Ausrufezeichen ans Ende eines jeden Ein- und Ausatmens.

Bewusstes Atmen

Begeben Sie sich in Meditationshaltung und schließen Sie die Augen. Lassen Sie sich im wahrsten Sinne des Wortes im Körper nieder und entspannen Sie, so gut Sie können.

Lenken Sie nun die Aufmerksamkeit auf den Atem: Beobachten Sie das Heben und Senken der Bauchdecke oder des Brustkorbs. Greifen Sie nicht ein, sondern überlassen Sie sich dem Atemfluss, egal ob dieser gerade „holprig" und kurzatmig oder tief und gleichmäßig ist.

Fügen Sie nun im Stillen die Worte „einatmen" und „ausatmen" oder „ein" und „aus", hinzu – bleiben Sie dabei mit der Aufmerksamkeit beim Empfinden der einzelnen Atemzüge.

Ändern Sie nach einiger Zeit die still gesprochenen Worte beim Einatmen in: „Ich atme ein und weiß, dass ich einatme" und beim Ausatmen in: „Ich atme aus und weiß, dass ich ausatme." Bleiben Sie mit der Aufmerksamkeit nach wie vor bei den Empfindungen, die der Atemfluss im Körper auslöst, also beim Heben und Senken der Bauchdecke oder des Brustkorbs. Vereinfachen Sie im letzten Drittel der Meditation die stillen Worte beim Einatmen wieder in „ein" und beim Ausatmen in „aus".

Verbinden Sie sich im Laufe der Sitzung mehr und mehr mit dem Fluss des Atems, spüren Sie dabei Ihren Empfindungen nach und genießen Sie jeden Atemzug.

Atem-Affirmation

Beginnen Sie diese Atemmeditation mit einer leicht abgewandelten Form des „bewussten Atmens", den Sie gerade kennengelernt haben:

Begeben Sie sich in Meditationshaltung. Halten Sie Ihren Rücken dabei gerade, aber entspannt. Lassen Sie sich regelrecht in sich selbst nieder und schließen Sie die Augen.

Lenken Sie Ihre Aufmerksamkeit auf das Heben und Senken der Bauchdecke oder des Brustkorbs. Versuchen Sie, den Fluss des Atems nicht zu beeinflussen, beobachten Sie und spüren Sie genau hin, was beim Atmen geschieht.

Begleiten Sie nun eine Zeit lang im Stillen das Ein- und Ausatmen mit den Worten „ein" und „aus", bis sich Ihr Geist beruhigt hat.

Gehen Sie dann für einige Minuten beim jeweiligen Ein- und Ausatmen zu den Sätzen „Ich atme ein und weiß, dass ich einatme" und „Ich atme aus und weiß, dass ich ausatme" über. Bleiben Sie anschließend beim Einatmen bei: „Ich atme ein und weiß, dass ich einatme" und wechseln Sie beim Ausatmen zu: „Ich atme aus und lächle." Lassen Sie dabei ein sanftes, kaum wahrnehmbares Lächeln auf Ihrem Gesicht erscheinen, das liebevoll nach innen gerichtet ist.

Lassen Sie sich bei jedem Ausatmen von diesem Lächeln durchströmen, sodass es Ihr Herz erreichen kann. Wenn Sie das Gefühl haben, dass sich Ihr Herz nach einiger Zeit leichter und liebevoller anfühlt, dann können Sie beim nächsten Einatmen still für sich die Wörter „Herzenswärme" oder „Licht" sagen und beim Ausatmen „Liebe".

Spüren Sie, wie beim Einatmen die Herzenswärme und/oder das Licht in Sie hineinströmt und Ihre Körperzellen damit durchtränkt.

Schicken Sie beim Ausatmen all Ihre Liebe hinaus in die Welt. Stellen Sie sich vor, dass diese Liebe jeden Winkel in Ihrer unmittelbaren Umgebung erreicht und wie sehr Sie damit alle fühlenden Wesen um Sie herum beglücken. Wenn Sie möchten, können Sie diese Liebe nach einer gewissen Zeit auf das ganze Universum ausdehnen. Beenden Sie Ihre Meditation mit ein paar bewussten Atemzügen, die Sie im Stillen wieder mit „ein" und „aus" betiteln.

Bodyscan

DEN BODYSCAN können Sie immer dann anwenden, wenn Sie Anspannungen, Nervosität und Unruhe in Ihrem Körper bemerken. In stressigen Zeiten ist es hilfreich, ihn – egal ob Sie die lange Version im Liegen oder die kurze im Sitzen wählen – vor der eigentlichen Meditation zu praktizieren, so kann sich der Körper bereits vorab entspannen und zur Ruhe kommen.

Bodyscan im Liegen

Legen Sie sich ausgestreckt auf eine bequeme Unterlage auf den Boden, am besten auf eine Yogamatte oder auf einen weichen Teppich. Halten Sie eine Decke griffbereit, falls Ihnen kalt werden sollte.

Richten Sie den Körper in einer geraden Linie aus, die Arme daneben locker ausgestreckt und mit den Handflächen nach oben. Lassen Sie die Füße leicht nach links und rechts „auseinanderfallen".

Schließen Sie die Augen und lassen Sie sich mit dem Körper buchstäblich „in den Boden hineinziehen"; geben Sie so entspannt wie möglich der Schwerkraft nach.

Richten Sie nun die Aufmerksamkeit auf Ihre beiden Fußsohlen und spüren Sie genau hin. Wandern Sie dann achtsam weiter zu Ihren Zehen und von dort zu den Fußgelenken. „Scannen“ Sie langsam immer weiter nach oben: die Waden und Schienbeine, beide Knie, die Oberschenkel und Hüften. Spüren Sie, wie die Hüftgelenke in den Hüftpfannen ruhen und gehen Sie dann weiter zum Becken. Versuchen Sie, alles so genau wie möglich wahrzunehmen, ohne dabei zu verkrampfen. Lassen Sie Ihren inneren Blick sanft durch den Körper streifen und bemerken Sie dabei Schmerzen und Verspannungen, ohne direkt einzugreifen.

Wandern Sie weiter die Wirbelsäule entlang nach oben. Beachten Sie dabei das Heben und Senken der Bauchdecke und versuchen Sie, ein inneres Bild der Organe zu visualisieren: Darm, Leber, Nieren, Magen ... Spüren Sie, wie der Rücken auf dem Boden aufliegt, und lassen Sie ihn noch tiefer „in den Boden sinken“.

Richten Sie nun die Aufmerksamkeit auf den Brustkorb, die Schultern und den Schultergürtel. Fühlen Sie Ihr Herz schlagen und achten Sie auf Verspannungen im Schulterbereich. Wenn Sie möchten, dann bedenken Sie diese Region mit einem stillen Lächeln: Öffnen Sie sich Ihrem Herzen.

Wandern Sie nun die Arme hinab bis zu den Händen. Nehmen Sie die Oberarme, Ellbogen und Unterarme wahr. Fühlen Sie Ihre Hände, die Handgelenke, die Handinnenflächen und jeden einzelnen Finger.

Gehen Sie dann über zur Halswirbelsäule und zum Nacken. Spüren Sie die Fragilität Ihres Halses und achten Sie auch dort wieder auf eventuellen Schmerz. Richten Sie anschließend den Fokus auf den Kopf: den Hinterkopf, wie er auf dem Boden aufliegt, das Schädeldach und den Scheitel.

Wandern Sie mit der Aufmerksamkeit weiter über die Stirn nach vorne zum Gesicht: Augenbrauen, Augenhöhlen, Nase, Wangenknochen, Mund- und Kinnpartie und die Kiefer mit den Kiefergelenken. Spüren Sie eventuellen Verspannungen im Kieferbereich nach. Visualisieren Sie dann Ihr Gehirn, die Augäpfel, Zähne und Zunge.

Beenden Sie den Bodyscan mit der Haut, die alles umhüllt, und dann mit einem Gesamtüberblick des Körpers.

Lächeln Sie Ihrem Körper zum Abschluss still zu und bedanken Sie sich bei ihm.

Viele Körperfunktionen laufen völlig reibungslos und ohne unser bewusstes Zutun ab. Dieser Körper, den wir auf Zeit bewohnen, ist ein wahres Wunder der Natur, das präzise wie ein Uhrwerk arbeitet, solange wir gesund sind. In der Tradition des vietnamesischen Zenlehrers Thich Nhat Hanh wird während des Bodyscans jedem einzelnen Organ für seine Arbeit im Verborgenen mit einem Lächeln gedankt.

Wir verneigen uns innerlich vor allen Körperteilen – selbst die Körpersäfte werden dabei berücksichtigt – und würdigen so das Leben an sich. Dies trägt dazu bei, einen liebevollen Bezug zu unserem Zuhause, dem Körper, herzustellen.

Bodyscan im Sitzen

Den Bodyscan im Sitzen können Sie der eigentlichen Sitzmeditation direkt voranstellen. Er hilft Ihnen, geistig und körperlich auf dem Kissen anzukommen und sich zu entspannen.

Begeben Sie sich in Meditationshaltung und schließen Sie die Augen. Beginnen Sie die Übung mit einigen achtsamen Atemzügen. Beobachten Sie dabei das Heben und Senken der Bauchdecke oder des Brustkorbs. Richten Sie dann die Aufmerksamkeit auf jene Körperteile, die auf dem Boden (in der knienden Position sind das die Unterschenkel und Teile der Füße) und auf der Sitzfläche (das Gesäß) aufliegen.

Danach beginnen Sie den Bodyscan mit den Füßen und wandern dann in der gleichen Reihenfolge wie beim Bodyscan im Liegen langsam mit der Aufmerksamkeit nach oben. Spüren Sie sorgfältig in die jeweiligen Körperteile hinein und registrieren Sie jede Empfindung. Achten Sie auf Verspannungen und Schmerz. Verweilen Sie dort eine Zeit lang, ohne einzugreifen. Manchmal lösen sich Schmerzen auf, wenn wir sie ruhig und achtsam in unser Gewahrsein nehmen. Schmerzen wollen nicht verdrängt, sondern gesehen werden.

Beenden Sie die Übung mit der Haut, die Ihren Körper umgibt. Atmen Sie danach mehrfach bewusst ein und aus, bevor Sie Ihre eigentliche Praxis beginnen.

Brahmaviharas, die „vier himmlischen Verweilzustände": Metta, Karuna, Mudita und Upeksha

FÜR DEN BUDDHA lag der Weg zur Befreiung von jeglichem Leid einzig und allein in der Liebe. So ist auch der *achtfache Pfad*, betrachtet man ihn eingehend mit dem Herzen und nicht nur mit dem Verstand, ein Pfad der Liebe und des Verstehens. Die *Brahmaviharas*, auch die „vier Unermesslichen" oder die „vier himmlischen Verweilzustände" genannt, bilden die Grundpfeiler dieses Pfades. Universelle Liebe bzw. liebende Güte (*Metta*), universelles Mitgefühl (*Karuna*), universelle Mitfreude (*Mudita*) und universeller Gleichmut bzw. Gelassenheit oder Ausgeglichenheit (*Upeksha*) gelten als vollkommene „Geisteshaltungen", die es zu erstreben und zu kultivieren gilt.

Das regelmäßige Üben der „vier Unermesslichen" kann eine regelrechte „Sprengung" des Ego-Panzers bewirken. Wer sich in Liebe, Mitgefühl, Mitfreude und zärtlicher Gelassenheit übt, öffnet sich nahezu grenzenlos dem Leben mit all seinen Facetten. Das Gefühl von Getrenntheit löst sich auf und an seine Stelle tritt die Verbundenheit mit allen Lebewesen: Wir verbinden uns wieder mit dem „Gutsein", das jedem Herzen zutiefst innewohnt.

Durch das Praktizieren der *Brahmaviharas* beginnen wir, Vertrauen und Liebe auszustrahlen, sodass uns die Herzen anderer wie von selbst zufliegen.

Metta, liebende Güte

„Das herausragende Merkmal von liebender Güte ist, das Wohlergehen aller zu fördern. Ihre unmittelbare Wirkung ist, die Liebenswürdigkeit der Wesen zu erkennen." BUDDHAGHOSA

Der Buddha bezeichnete Metta in einer gleichnamigen Lehrrede (*Metta Sutra*) als eine Liebe, die niemanden ausgrenzt, sondern alle Wesen mit einschließt und sie liebevoll umarmt. Diese Form der Liebe ist nur möglich, wenn wir das Leiden (*Dukkha*) tief verstanden haben und somit um die Verletzlichkeit allen Lebens und aller fühlenden Lebewesens wissen. *Metta* ist gekennzeichnet von der Einsicht, dass wir alle miteinander verbunden und somit auch für das Wohlergehen aller verantwortlich sind.

Metta-Meditation

Begeben Sie sich in Meditationshaltung und schließen Sie die Augen. Verbinden Sie sich zunächst mit dem Atem und wenden Sie sich dann Ihrem Herzen zu.

Sprechen Sie im Stillen nacheinander die nachstehenden Sätze. Spüren Sie dabei den jeweiligen Worten im Herzen nach und gehen Sie erst dann zum nächsten Satz weiter, wenn sich ein Gefühl von liebevoller Verbundenheit eingestellt hat.

„Möge ich beschützt sein vor inneren und äußeren Gefahren
Möge ich glücklich sein. Möge ich gesund sein.
Möge ich gelassen durchs Leben gehen."

Beginnen Sie immer wieder von vorne – Sie können die Sätze auch ein wenig variieren und so abwandeln, dass es sich für Sie stimmig anfühlt.

Metta kann eine Meditationssitzung lang praktiziert werden oder aber auch nur für einige Minuten zu Beginn und/ oder zum Ende einer anderen Meditation.

Um den Segen von *Metta* allen zukommen zu lassen, dehnt man nach einiger Zeit den Radius auf andere aus: Nachdem Sie *Metta* für sich selbst praktiziert haben, folgt nun als nächstes ein guter Freund oder eine Freundin.

Dieser Mensch kann auch ein Mentor aus Jugendtagen oder ein spiritueller Lehrer sein – einfach jemand (auch ein Tier, z. B. Ihr Hund), von dem Sie wissen, dass er Ihnen wohlgesonnen ist.

Lassen Sie mithilfe der vier Sätze all Ihre Liebe und Güte diesem Mensch oder dem Tier zuteil werden und stellen Sie sich bei jedem einzelnen Satz vor, wie es Ihrem Freund gut geht und wie er glücklich, gesund und gelassen durchs Leben geht: „Mögest du beschützt sein …"

Nach einiger Zeit der Praxis mit dem Freund folgt dann die sogenannte „neutrale Person“.

Als neutrale Personen werden in der *Metta*-Praxis Menschen oder Lebewesen bezeichnet, mit denen wir keine direkte emotionale Verbindung haben, die aber trotzdem in der einen oder anderen Art und Weise unser Leben berühren. Dabei gibt es unterschiedliche Möglichkeiten:

Das kann die Kassiererin im Supermarkt sein, die Sie von Ihren Einkäufen her kennen, oder der Postbote, mit dem Sie ab und zu ein Wort wechseln. Aber auch die Nachbarskatze, der Sie hin und wieder begegnen, oder fremden Menschen, über deren Schicksal Sie in der Zeitung gelesen haben, können Sie *Metta* zukommen lassen.

Visualisieren Sie Ihre neutrale Person zu jedem Satz neu und stellen Sie sich vor, wie diese sich fühlen könnte, wenn sie rundum glücklich und gesund ist. Lassen Sie Ihrer Fantasie freien Lauf.

Zum Schluss wenden wir uns mit der Praxis an einen schwierigen Menschen, den sogenannten „Feind“. Suchen Sie sich in Ihrem Bekannten- und Freundeskreis jemanden, der Sie verletzt hat oder auf den Sie ärgerlich sind.

Dabei ist es wichtig, dass Sie sich nicht gleich zu Beginn Ihrer Praxis eine schwere Bürde aufladen, indem Sie einen Menschen nehmen, der Ihnen wirklich Böses angetan oder der Ihre Seele nachhaltig verletzt hat.

Themen wie Gewalt oder Missbrauch, z. B. in der Kindheit, sollten sehr behutsam angegangen werden. Erst mit fortgeschrittener Praxis ist es ratsam – unter der Anleitung eines Lehrers –, sich auch diesen einschneidenden Erfahrungen liebevoll zu stellen.

Einem Menschen, dem wir im Moment nicht wohlgesonnen sind, *Metta* zukommen zu lassen, ist eine große Herausforderung. Deswegen steht der „Feind" auch am Ende der Reihe, denn durch die Praxis für uns selbst, für den Freund und für die neutrale Person haben wir genug *Metta* kultiviert, um uns nun dieser schwierigeren Aufgabe zu stellen.

Gehen Sie beim Visualisieren des „Feindes" vor allem liebevoll mit sich selbst um und spüren Sie genau hin. Falls Schmerz oder Wut Sie zu übermannen drohen, kehren Sie für ein paar Minuten zum Atem zurück. Geben Sie sich und dem „Feind" genügend Zeit, denn mitunter braucht es Tage oder gar Wochen, bis *Metta* sich entfalten kann.

Liebende Güte ist nichts, was wir erst mühsam erlernen müssen: Sie ist, genau wie Mitgefühl, Mitfreude und Gelassenheit, die wahre Natur unseres Herzens.

Die Praxis von *Metta* hilft uns, unsere Verkrustungen und Blockaden, die das Herz einengen und gefangen halten, abzutragen, sodass die Liebe wieder frei und ungehindert fließen kann.

Karuna, Mitgefühl

Eine der grundlegendsten Eigenschaften eines liebevollen und offenen Herzens ist die Fähigkeit des „Mitfühlens". Mitgefühl und Empathie für die Nöte und Belange anderer sind von großer Wichtigkeit in einer Welt, in der emotionale Kälte immer noch an der Tagesordnung ist. Üben wir *Karuna*, die Praxis des universellen Mitgefühls, dann verbinden wir uns bewusst mit dem Leid unserer Mitmenschen und anderer fühlender Wesen.

Karuna wird getragen von dem Wissen um das Leid, dem alle Lebewesen unterworfen sind, und ist nicht mit Mitleid gleichzusetzen.

Jedwedes Handeln von *Bodhisattvas* – erleuchteten Wesen, die den Schwur geleistet haben, so lange wiedergeboren zu werden, bis alle Lebewesen Erleuchtung erlangt haben – ist getragen von *Karuna*. So heißt es in der Legende über Avalokiteshvara, dem *Bodhisattva* des universellen Mitgefühls, dass dieser mit 1.000 Köpfen und 1.000 Armen und Händen ausgestattet war, um das Leid dieser Welt sehen und überall helfend eingreifen zu können.

Karuna-Meditation

Begeben Sie sich in Meditationshaltung und schließen Sie die Augen. Verbinden Sie sich für einige Augenblicke mit Ihrem Atem, bevor Sie Ihr Herz dem Mitgefühl öffnen.

Anders als bei *Metta*, wo wir uns zuerst uns selbst zuwenden, beginnen wir *Karuna* mit einem konkreten Menschen oder einem Lebewesen, von dem wir wissen, dass er oder es in genau diesem Moment leidet. Das kann ein krankes Familienmitglied sein, eine Freundin mit Liebeskummer oder ein Tier, das unter schlechten Lebensbedingungen leidet.

Verbinden Sie sich innerlich mit dem Leid dieses Lebewesens und versuchen Sie, im wahrsten Sinne des Wortes „mitzufühlen".

Sprechen Sie im Stillen den Satz: „Mögest du frei sein von Kummer und Leid." Lassen Sie diesen Wunsch, getragen von Mitgefühl und Verstehen, frei aus Ihrem Herzen fließen.

Sie können Ihren Satz auch etwas variieren: „Mögest du inneren Frieden finden" oder „Mögest du frei sein von Schmerzen und Angst".

Fahren Sie dann mit Ihrem *Karuna*-Satz in der gleichen Reihenfolge wie in der vorangegangenen *Metta*-Meditation fort: Sie selbst, ein Freund, ein Mentor oder ein Wohltäter, eine neutrale und eine schwierige Person.

Nehmen Sie sich Zeit für *Karuna* und öffnen Sie sich dem Leid langsam. Wenn Sie bemerken, dass der Schmerz droht, Sie mitzureißen, und statt Mitgefühl sich Mitleid manifestiert, dann gehen Sie für einige Zeit zurück zu den *Metta*-Sätzen und verankern Sie Ihr Herz erneut in liebender Güte, der tragenden Quelle für Mitgefühl und Empathie.

Mudita, Mitfreude

Der Dalai Lama sagte einmal, dass *Mudita* eine seiner Lieblingspraktiken sei, denn es gäbe bei mehr als sieben Milliarden Menschen auf Erden doch immer jemanden, mit dem man sich mit freuen könne. Und dann brach er in sein herrliches, ansteckendes Lachen aus – und alle freuten sich mit ihm.

Sich mit anderen freuen zu können, ist eine wunderbare Fähigkeit. Denken Sie nur an die Freude, die Sie empfinden, wenn Ihre Kinder zu Weihnachten unter dem Christbaum juchzend die Geschenke öffnen. Oder das herrlich prickelnde Gefühl, das von der frisch verliebten Freundin auf Sie überspringt – und Sie sich einfach nur über ihr Glück mit ihr freuen.

Wahre Mitfreude kennt weder Neid noch Missgunst: Das Herz öffnet sich und hüpft vor lauter Freude im Gleichklang mit dem des anderen.

Nach der Praxis von *Karuna*, wo wir unserem eigenen Leid und dem der anderen tief und mitfühlend begegnen, kann es ein wunderbares Gefühl sein, in die Weite und Leichtigkeit der Mitfreude einzutauchen.

Mudita ist zutiefst selbstlos – doch gerade in dieser Selbstlosigkeit kann das größte Glück für uns selbst liegen. Sie gibt dem Leben einen Sinn und eine Bedeutung und erfüllt unser Dasein mit Dankbarkeit.

Mudita-Meditation

Begeben Sie sich in Meditationshaltung und schließen Sie die Augen. Verbinden Sie sich ein paar Minuten lang mit dem natürlichen Fluss Ihres Atems und gehen Sie dann ins offene Gewahrsein über. Das offene Gewahrsein ist jener unbegrenzte Raum, in dem alles stattfindet und sein darf.

Beginnen Sie Ihre Meditation mit einem Lebewesen, von dem Sie wissen, dass es in diesem Moment Glück erfährt und tauchen Sie tief in die Freude des anderen ein. Stellen Sie sich z. B. vor, wie Ihnen Ihre Freundin lachend von Ihrem Liebesglück erzählt. Sprechen Sie dann im Stillen den Satz: „Möge dein Glück niemals vergehen." Bei Bedarf variieren Sie den Satz, bis er sich für Sie stimmig anfühlt: „Möge dein Glück immer anhalten" oder „Mögest du stets von diesem Glück erfüllt sein."

Wiederholen Sie den Satz eine Zeit lang für Ihren Freund und gehen Sie dann weiter zur neutralen Person. Stellen Sie sich vor, wie sich das Glück für diesen Menschen anfühlen könnte – lassen Sie Ihrer Fantasie freien Lauf.

Zum Schluss wünschen wir einem schwierigen Menschen, dass sein Glück anhalten möge. Das ist keine leichte Aufgabe und es kann sein, dass Sie zunächst mit Ihren eigenen negativen Emotionen zu kämpfen haben, bevor Sie ein Gefühl dafür bekommen, dass auch dieser Mensch glückliche Momente erlebt und ein Anrecht darauf hat.

Upeksha, Gelassenheit

Allumfassende Gelassenheit und Ausgeglichenheit machen *Upeksha* aus, den letzten der „vier himmlischen Verweilzustände". Ohne diese innere Haltung von Gleichmut können wir uns sehr schnell in unheilsamen Geisteszuständen wiederfinden. Es braucht *Upeksha* um mitfühlend bleiben zu können, ohne ins Mitleid zu verfallen. Es braucht zärtliche Gelassenheit, um liebende Güte frei von Urteilen und Werteverständnissen walten zu lassen, ohne Besitzanspruch oder den Drang, Dinge und Menschen ändern zu müssen. Außerdem hilft Gleichmut, um *Mudita*, der Mitfreude, zusätzliche Flügel zu verleihen, denn dann kann sie sich ohne Anhaften frei entfalten.

Upeksha gilt in manchen Kreisen als die „Königsdisziplin" unter den *Brahmaviharas*. Tatsächlich fällt es einigen Menschen schwer, sich auf diese Praxis einzulassen. Doch *Upeksha* ist nicht gleichzusetzen mit Herzlosigkeit. Stellen Sie sich ein weiches Seidentuch vor, das im Sommer Ihren Körper vor der Hitze schützt. Es ist glatt und kühl auf der Haut und doch besitzt es alle Eigenschaften, die man einer schützenden Decke zuspricht. *Upeksha* ist wie diese Seide: Seine Gelassenheit legt sich zart, kühlend und liebevoll über unseren Geist, so verwirrt und ängstlich er auch zuweilen sein mag. *Upeksha* zeichnet sich durch eine unerschütterliche Ruhe aus, die trotz widrigster Umstände alles überstrahlt.

Upeksha-Meditation

Begeben Sie sich in Meditationshaltung und schließen Sie die Augen. Verbinden Sie sich einige Minuten lang mit dem Atem, bis Sie das Gefühl haben, dass der Geist zur Ruhe gekommen ist.

Machen Sie sich dann bewusst, dass wir alle hier auf Erden dem steten Wandel unterworfen sind; nichts obliegt unserer Kontrolle, alles kommt und geht.

Es sind Sätze wie „Möge ich das Kommen und Gehen der Dinge zutiefst akzeptieren“, „Ich wünsche, dass du glücklich bist, aber ich kann dich vor Leid und Unglück nicht bewahren“ oder „Möge ich mich friedvoll und gelassen dem unvorhersehbaren Fluss des Lebens anvertrauen“, die *Upeksha* in uns wecken.

Experimentieren Sie auch ruhig mit eigenen, möglichen Sätzen, die diese Qualität des allumfassenden Gleichmuts für Sie am besten transportieren.

Beginnen Sie mit der neutralen Person. Seien Sie sich bewusst, dass dieser Mensch die Frucht seines Karmas ist und dass Sie ihm zwar alles Glück der Welt wünschen, seinen Lebensweg aber nicht beeinflussen können: „Ich kann dich vor Leid und Unglück nicht bewahren.“

Fahren Sie dann, in leicht abgewandelter Reihenfolge, wie bei den vorangegangenen Meditationen fort: mit dem Freund, mit sich selbst und mit der schwierigen Person.

Dana, die Praxis des großzügigen Gebens

EINE WELT, die auf Habgier ausgerichtet ist, hat zwangsläufig das Geben verlernt. Viele von uns spenden zwar gelegentlich, aber wenn wir ehrlich sind, dann tun wir dies oft nur, um unser Gewissen zu beruhigen. Es fühlt sich gut an, wohltätig zu sein – aber es fühlt sich noch besser an, selbst abgesichert zu sein! Wenn wir aufrichtig sind, dann sehen wir, dass uns das Mitgefühl immer wieder abhanden kommt, denn die Flut an Nachrichten aus aller Welt bewirkt eher, dass wir uns abschotten vom Leid, als dass wir unser Herz öffnen und Großzügigkeit walten lassen. Selbst vor dem Elend in unserer unmittelbaren Nähe verschließen wir meist die Augen. Wir machen die Schotten dicht und kümmern uns um unsere eigenen Belange.

Dana bezeichnet die Praxis des großzügigen Gebens und weist uns in erster Linie auf unsere eigene tief sitzende Habgier hin. Denn üben wir uns im Geben, dann steigt sehr schnell, aber zunächst nahezu unbemerkt, auch die dunkle Seite der Medaille aus den Tiefen des Herzens ans Tageslicht: der Geiz. Wir überlegen, ob zwei Euro für den Obdachlosen an der Ecke nicht doch zu viel sind, oder wir erfinden Ausreden, warum wir dieses Jahr noch nicht für eine gemeinnützige Organisation gespendet haben. Wir haben Angst, selbst zu kurz zu kommen.

Ein wichtiger Aspekt von *Dana* ist die Wertschätzung. Buddhistische Lehrer berechnen für ihre Kurse keine Gebühren, freuen sich aber über Spenden. Denn der *Dharma* soll jedem zugänglich sein, egal ob arm oder reich. Schon seit jeher wird in diesem Rahmen *Dana* praktiziert. Wir Schüler gehen in uns und wägen ab: Wie viel ist uns das Gelehrte wert, wohl wissend, dass die Lehren nicht mit materiellen Gütern aufzuwiegen sind? Welche inneren Kräfte bewegen uns beim Geben, was hält uns zurück? Geben wir vielleicht weniger, weil uns der Lehrer oder die Lehrerin nicht sympathisch ist? Können wir mehr geben als geplant, damit andere, die weniger haben als wir, auch vom *Dharma* profitieren können? Welche Gefühle löst das alles in uns aus?

Die Praxis des großzügigen Gebens beschränkt sich natürlich nicht nur auf das spirituelle Leben, wir können sie überall ausüben. Durch *Dana* sind wir aufgerufen, den Wert der Dinge genau zu überprüfen und unser Herz sprechen zu lassen. Jeder einzelne von uns bietet immer wieder aufs Neue durch seine Handlungen und seine Arbeit anderen Wesen Geschenke an: Es ist ein täglicher Tanz des Gebens und Nehmens. Gegenseitige Wertschätzung ruft Dankbarkeit hervor, und diese Dankbarkeit bildet den nährenden Boden für Großzügigkeit in jeder Hinsicht.

Den Geist zur Ruhe kommen lassen

IMMER WIEDER wird in Bezug auf verschiedene Meditationstechniken auf die Beruhigung des Geistes hingewiesen; ein beruhigter Geist ist fähig zu meditativer Stille und dadurch zu tiefer Erkenntnis jenseits des Verstandes.

Die Natur eines meditativen Geistes ist die Stille an sich. Aber damit ist nicht die Stille gemeint, die man mit dem Denken und mit dem Verstand erfassen kann, und auch nicht die Stille einer sternenklaren Nacht oder einer menschenleeren Kathedrale. Ein meditativer Geist hat sich vom Denken – also von all seinen Geschichten, Bildern und Wahrnehmungen – abgewandt und ist mit der Stille jenseits davon vollkommen verschmolzen.

Um den Geist in dieser Hinsicht zu trainieren, braucht es anfangs viel Geduld. Wie ein kleines Äffchen hüpft er von einem Gedanken zum nächsten. Blitzschnell verwickelt er sich in Geschichten über längst Vergangenes, um in der nächsten Sekunde die Zukunft zu planen.

Oft bemerken wir im Alltag diese rasanten Sprünge unseres Geistes gar nicht. Erst durch Meditation, durch das geduldige Sitzen auf dem Kissen, wird das ganze Ausmaß des erregten Geistes sichtbar. Das kann zunächst schockierend sein, denn wir erfahren so auch unmittelbarer den Stress, der durch die Erregung im Körper ausgelöst wird.

Doch mit der Zeit und mit viel Übung lernen wir, das „unruhige Äffchen" zu zähmen und ihm heilsame Ruhe zu verschaffen – der meditative Geist kann sich langsam entfalten. Wichtig ist, dass Sie Geduld mit sich selbst haben denn sogar erfahrene Meditationslehrer berichten nach Jahrzehnten intensiver Praxis von ihren kleinen Äffchen, von denen sie plötzlich wieder wochenlang gequält werden.

Das Gehirn ist für das Denken konzipiert – das ist seine Natur. Es geht nicht darum, diese wunderbare Eigenschaft, die uns Menschen im Alltag und im Beruf von großem Nutzen ist, durch die Meditation „abzuschaffen", sondern darum, den stillen Raum, der dahinter liegt, zu entdecken und in ihn einzutauchen. Wenn wir lernen, den Geist zu trainieren und dadurch in gewissem Sinne achtsam zu lenken, dann kann er uns nicht mehr mit unnötigem Gedankenmüll überschwemmen – und wir können selbst entscheiden, welchen Gedanken, Plänen oder inneren Geschichten wir folgen wollen und welchen nicht.

Den weiten Raum erfahren

Begeben Sie sich in Meditationshaltung und schließen Sie die Augen. Lassen Sie sich im Körper nieder – entspannen Sie sich in ihn hinein. Er ist Ihr Zuhause.

Richten Sie die Aufmerksamkeit für einige Zeit auf den Fluss des Atems und beobachten Sie dabei das Heben und Senken der Bauchdecke oder des Brustkorbs oder den ein- und ausströmenden Lufthauch an Ihren Nasenflügeln.

Statt des bewussten Atems können Sie auch den Bodyscan im Sitzen praktizieren, um Körper und Geist auf die folgende Meditation einzustimmen.

Richten Sie anschließend die Aufmerksamkeit auf Ihre Gedanken und beobachten Sie deren steten Strom. Schauen Sie zu, wie die Gedanken aufsteigen und sich bilden. Bleiben Sie dabei der stille Beobachter dieses Phänomens und versuchen Sie, nicht sofort „einzusteigen" bzw. auf keinen der Gedanken emotional „aufzuspringen". Gedanken entstehen und vergehen wieder, denn auch sie unterliegen dem ständigen Wandel.

Stellen Sie sich vor, dass die Gedanken wie die Wolken am Himmel sind. Manche von ihnen segeln federleicht vorüber, andere wiederum ballen sich bedrohlich zusammen, als ob sie sich nie wieder auflösen würden. Aber genau wie die Wolken, können sich auch Gedanken binnen Bruchteilen von Sekunden verändern. Sie nehmen neue Formen an, verdichten sich und lösen sich alle irgendwann in Luft auf. Ein untrainierter Geist nimmt die Gedanken auf, er haftet an und lässt sie nicht mehr ziehen. So beginnt er, Geschichten um einen negativen Gedanken herum zu spinnen, und nährt

und verstärkt ihn dadurch. Innerer Stress und Gefühle wie Wut oder Angst sind die Folge. Aber auch die schönen, verführerischen Gedanken haben es dem Geist angetan: Er schmückt sie aus und baut ganze Luftschlösser aus ihnen. An den angenehmen Gefühlen, die daraus entstehen können, ist nichts Verkehrtes. Sie haben nur nicht immer etwas mit der Realität zu tun – und auch sie werden wieder vergehen.

Versuchen Sie, während dieser Meditation entspannt zu betrachten, wie diese „Gedanken-Wolken" entstehen, wo sie herkommen und wohin sie gehen. Vergegenwärtigen Sie sich, dass der „Himmel" dahinter die unerschütterliche Leinwand für dieses Spektakel bildet. Versuchen Sie, ein Gespür für diesen weiten, stillen Raum zu bekommen, in dem die Gedanken sich entfalten und wieder auflösen, und verbinden Sie sich mit ihm. Verweilen Sie in diesem Raum und betrachten Sie, vielleicht mit einer Prise Humor, das Werden und Vergehen Ihrer inneren Gedankenwelt.

Erdberührungen

DIE PRAXIS DER ERDBERÜHRUNG ist eine Form der Meditation, die in der Tradition des vietnamesischen Zenmeisters Thich Nhat Hanh eine große Bedeutung hat.

Wir berühren mit dem Körper der Länge nach den Boden und verbinden uns so mit der Erde, die uns trägt. Gleichzeitig nehmen wir Zuflucht zu unseren spirituellen und blutsverwandten Ahnen und den nachfolgenden Generationen. Wir erkennen das große Ganze an, von dem wir ein Teil sind: Unsere gefühlte Trennung löst sich mit dieser Übung auf und lässt uns eins werden mit allem Leben.

Drei unterschiedliche Erdberührungen werden im Folgenden vorgestellt – die körperliche Praxis bleibt dabei immer gleich. Traditionell wird jede Variante dreimal hintereinander wiederholt.

Die drei Erdberührungen

So berühren wir mit unserem Körper die Erde: Wir legen zuerst stehend die Hände vor der Stirn wie zum Gebet zusammen, um sie dann zum Herzen zu führen.

Dann knien wir uns langsam auf den Boden und strecken uns aus dieser Position heraus der Länge nach aus. Die Stirn berührt den Boden und wir liegen locker und bequem. Die Arme nach vorne gestreckt drehen wir nun die Handflächen nach oben und zeigen mit dieser Geste unsere Bereitschaft, uns vollkommen den *drei Juwelen* zu öffnen – dem *Buddha*, dem *Dharma* und der *Sangha*.

Lesen Sie sich vor jeder Erdberührung den Text durch und versuchen Sie, ihn zu verinnerlichen.

Wenn Sie die Erdberührungen in der Gruppe praktizieren, dann ist es hilfreich einen Menschen zu wählen, der den Text während der Meditation vorliest. Dabei wird der farbig unterlegte Satz stehend gelesen, der nachfolgende Text, wenn alle liegen.

Die erste Erdberührung

„Die Erde berührend verbinde ich mich mit den Vorfahren und Nachkommen meiner geistigen wie auch meiner blutsverwandten Familie.

Meine geistigen Vorfahren umfassen den Buddha, die *Bodhisattvas*, die edle Gemeinschaft der Schüler und Schülerinnen des Buddhas, die Patriarchen aller Zeiten und meine eigenen spirituellen Lehrer und Lehrerinnen, seien sie noch am Leben oder schon verstorben. Sie sind in mir gegenwärtig, weil sie mir Samen des Friedens, der Weisheit, der Liebe und des Glücks übertragen haben. Sie haben die Quelle des Verstehens und des Mitgefühls in mir erweckt.

Wenn ich alle meine geistigen Vorfahren betrachte, sehe ich solche, die in der Praxis der Richtlinien, in Verstehen und Mitgefühl vollkommen sind, und solche, die noch nicht vollkommen sind.

Ich akzeptiere sie alle, denn ich sehe in mir selbst Fehler und Schwächen.

Im Bewusstsein, dass meine Praxis der Richtlinien nicht immer vollkommen ist und ich nicht immer verständnisvoll und mitfühlend bin, öffne ich mein Herz und akzeptiere auch meine geistigen Nachkommen. Einige meiner Nachkommen praktizieren die Richtlinien Verstehen und Mitgefühl in einer Weise, die Vertrauen und Achtung hervorruft, doch gibt es auch solche, die vielen Schwierigkeiten begegnen und die in ihrer Praxis ständig Höhen und Tiefen unterworfen sind.

Auf die gleiche Weise akzeptiere ich alle meine blutsverwandten Vorfahren auf der Seite meiner Mutter und auf der Seite meines Vaters. Ich akzeptiere alle ihre guten Eigenschaften und guten Taten und ich akzeptiere auch alle ihre Schwächen. Ich öffne mein Herz und akzeptiere alle meine blutsverwandten Nachkommen mit ihren guten Eigenschaften, ihren Begabungen und auch ihren Schwächen.

Meine geistigen und meine blutsverwandten Vorfahren und meine geistigen und meine blutsverwandten Nachkommen sind alle ein Teil von mir. Ich bin sie und sie sind ich. Ich habe kein eigenständiges Selbst. Alles existiert als Teil eines wunderbaren Lebensstroms, der immer fließt."

Die zweite Erdberührung

„Die Erde berührend verbinde ich mich mit allen Menschen und allen Wesen, die in diesem Augenblick mit mir in dieser Welt leben.

Ich bin eins mit dem wundervollen Muster des Lebens, das sich in alle Richtungen erstreckt. Ich sehe die enge Verbindung zwischen mir und allen anderen; ich sehe, wie wir Glück und Leiden teilen. Ich bin eins mit denen, die mit einer Behinderung geboren wurden oder die infolge von Krieg, Unfall oder Krankheit behindert sind. Ich bin eins mit jenen, die in Situationen des Krieges oder der Unterdrückung gefangen sind.

Ich bin eins mit jenen, die im Familienleben kein Glück finden, die entwurzelt sind und keinen Frieden in ihrem Geist erfahren, die hungrig nach Verstehen und Liebe sind und die etwas Schönes, Heilendes und Wahres suchen, das sie umarmen und an das sie glauben können.

Ich bin der Sterbende, der voller Angst ist und nicht weiß, was mit ihm geschieht. Ich bin ein Kind, das an einem Ort lebt, wo furchtbare Armut und Krankheit herrschen, ein Kind, dessen Arme und Beine dünn wie Stöcke sind und das keine Zukunft hat. Und ich bin der Hersteller von Bomben, die an arme Länder verkauft werden.

Ich bin der Frosch, der im Teich schwimmt, und ich bin die Schlange, die den Körper des Frosches braucht, um ihren eigenen Körper zu nähren. Ich bin die Raupe oder die Ameise, die der Vogel sich als Beute sucht, aber ich bin auch der Vogel, der nach der Raupe oder der Ameise sucht. Ich bin der Wald, der gefällt wird. Ich bin die Flüsse und die Luft, die verschmutzt werden, und ich bin derjenige, der den Wald fällt und die Flüsse und die Luft verschmutzt.

Ich erkenne mich selbst in allen Wesen und Lebensformen und ich erkenne sie alle in mir. Ich bin eins mit den großen Wesen, die die Wahrheit von Nicht-Geburt und Nicht-Tod verwirklicht haben und die fähig sind, die Formen von Geburt und Tod, Glück und Leiden mit ruhigen Augen anzuschauen.

Ich bin eins mit jenen Menschen – von denen es überall einige gibt –, die ausreichenden Frieden des Geistes, Verstehen und Liebe in sich tragen, die fähig sind, das Wunderbare, Nährende und Heilende zu berühren, und die die Kraft haben, die Welt mit einem Herz der Liebe und mit den Händen der Fürsorge zu umarmen. Ich bin jemand, der genügend Freude, inneren Frieden und Freiheit hat und fähig ist, den Lebewesen Freude und Furchtlosigkeit zu bringen.

Ich erkenne, dass ich nicht alleine und von anderen abgeschnitten bin. Die Liebe und das Glück großer Wesen auf diesem Planeten helfen mir, nicht in Verzweiflung zu versinken. Sie helfen mir, mein Leben auf bedeutsame Weise, mit wahrem Frieden und Glück, zu leben.

Ich erkenne sie alle in mir, und ich erkenne mich selbst in ihnen allen."

Die dritte Erdberührung

„Die Erde berührend, lasse ich meine Vorstellung los, dass ich dieser Körper bin und dass meine Lebenszeit begrenzt ist.

Ich erkenne, dass dieser Körper, der aus den vier Elementen besteht, nicht wirklich ich ist und dass ich nicht durch diesen Körper begrenzt werde. Ich bin Teil eines Lebensstromes von geistigen und blutsverwandten Vorfahren, der seit Tausenden von Jahren in die Gegenwart fließt und für Tausende von Jahren in die Zukunft fließen wird.

Ich bin eins mit meinen Vorfahren; ich bin eins mit meinen Nachkommen. Ich bin das Leben, das sich in unzähligen verschiedenen Formen manifestiert. Ich bin eins mit allen Menschen und allen Geschöpfen, gleich ob sie friedvoll und furchtlos sind oder leidend und ängstlich. In genau diesem Augenblick bin ich überall auf diesem Planeten gegenwärtig.

Ich bin auch in der Vergangenheit und in der Zukunft gegenwärtig. Die Auflösung dieses Körpers berührt mich nicht, gerade so wie das Fallen einer Pflaumenblüte nicht das Ende des Pflaumenbaums bedeutet.

Ich erkenne mein Selbst als eine Welle auf der Oberfläche des Meeres; mein Wesen ist das Wasser des Meeres. Ich erkenne mich selbst in allen anderen Wellen und ich erkenne alle anderen Wellen in mir. Das Erscheinen und Verschwinden der Form der Welle beeinflusst nicht. Mein *Dharma*-Körper unterliegt nicht Geburt und Tod.

Ich erkenne, dass ich gegenwärtig war, bevor mein Körper seine Gestalt annahm, und dass ich gegenwärtig sein werde, nachdem mein Körper sich aufgelöst hat. Ich erkenne, wie ich sogar in diesem Augenblick außerhalb dieses Körpers existiere.

Meine Lebenszeit ist, wie die Lebenszeit eines Blattes oder eines Buddhas, unbegrenzt. Ich habe die Vorstellung hinter mir gelassen, dass ich ein Körper bin, der in Raum und Zeit von allen anderen Formen des Lebens getrennt ist."

Die fünf Erdberührungen

Die folgenden „Fünf Erdberührungen“ legen das Hauptaugenmerk auf Dankbarkeit, Versöhnung und Mitgefühl und helfen uns, dem Gefühl von Getrenntheit liebevoll entgegenzuwirken.

Auch hier wird der erste Satz im Stehen, der nachfolgende Text liegend rezitiert.

Die erste Erdberührung

„In Dankbarkeit verneige ich mich vor allen Vorfahren meiner leiblichen Familie.

Ich sehe meine Mutter und meinen Vater, deren Blut, Zellen und Vitalität auch in meinen Adern fließen und jede Zelle in mir nähren. Durch sie sehe ich meine vier Großeltern. Ihre Erwartungen, Erfahrungen und ihre Weisheit sind von so vielen Generationen von Vorfahren auf sie übertragen worden. In mir trage ich das Leben, das Blut, die Erfahrung, die Weisheit, das Glück und auch die Sorgen aller Generationen.

Das Leiden und all die Elemente, die transformiert werden müssen, werde ich durch meine Praxis transformieren. Ich öffne mein Herz und meinen Körper, um die Energie der Einsicht, Liebe und Erfahrung, die mir von all meinen Vorfahren übertragen wurde, in mich aufzunehmen. Ich erkenne meine Wurzeln in meinem Vater, meiner Mutter, meinem Großvater, meiner Großmutter und in all meinen Vorfahren. Ich weiß, dass ich nur die Fortführung dieser Ahnenreihe bin. Bitte übertragt mir eure Energie, stärkt und bewahrt sie. Ich weiß, dass es überall, wo es Kinder und Enkelkinder gibt, auch Vorfahren gibt.

Ich weiß, dass Eltern ihre Kinder und Enkelkinder lieben und unterstützen, auch wenn sie aufgrund ihrer eigenen Schwierigkeiten nicht immer den richtigen Ausdruck für ihre Liebe finden. Ich erkenne, dass meine Vorfahren sich um eine Lebensweise bemüht haben, die auf Dankbarkeit, Freude, Vertrauen, Respekt und liebevoller Anteilnahme beruht.

Als eine Fortsetzung dieser Vorfahren verbeuge ich mich tief und lasse ihre Energie mich durchströmen. Ich bitte meine Vorfahren um Unterstützung, Schutz und Kraft."

Die zweite Erdberührung

„In Dankbarkeit verneige ich mich vor allen Vorfahren meiner spirituellen Familie.

Ich erkenne in mir meine Lehrer, diejenigen, die mir den Weg der Liebe und des Verstehens gezeigt haben, den Weg, achtsam zu atmen und zu lächeln, zu vergeben und ganz im Hier und Jetzt zu leben.

Ich erkenne durch meine Lehrer alle Lehrer über viele Generationen und Traditionen hinweg bis zu denen, die vor

Tausenden von Jahren meine spirituelle Tradition gegründet haben. Ich sehe den Buddha oder Christus oder die Patriarchen und Matriarchinnen als meine Lehrer und spirituellen Vorfahren an.

Ich erkenne, dass ihre Energie und die von vielen Generationen von Lehrern mich erfasst hat und für Frieden und Freude, Verständnis und liebevolle Güte in mir sorgt

Ich weiß, dass die Energie dieser Lehrer die Welt tiefgreifend verwandelt hat. Ohne den Buddha und all diese spirituellen Vorfahren würde ich nichts von der Übung wissen, durch die ich Frieden, Freude und Glück in mein Leben und in das Leben meiner Familie und der Gesellschaft bringen kann.

Ich öffne mein Herz und meinen Körper, um die Energie des Verstehens, der liebevollen Güte und des Schutzes von den erwachten Lehrerinnen und Lehrern, ihren Lehren und von der Gemeinschaft der Übenden über viele Generationen zu empfangen. Ich bin ihre Fortsetzung.

Ich bitte diese spirituellen Vorfahren, mir ihre unerschöpfliche Quelle von Energie, Frieden, Stabilität, Verständnis und Liebe zu übertragen.

Ich will mich darin üben, das Leiden in mir und in der Welt zu verwandeln und ich werde die Kraft meiner spirituellen Familie an zukünftige Generationen von Übenden weitergeben.

Meine spirituellen Vorfahren mögen ihre eigenen Schwierigkeiten gehabt haben und nicht immer in der Lage gewesen sein, die Lehren zu übermitteln, aber ich akzeptiere sie alle so, wie sie sind."

Die dritte Erdberührung

„Dankbar verneige ich mich vor diesem Land und allen seinen Vorfahren, die es bewohnbar machten.

Ich sehe, dass ich heil bin, geschützt und genährt von diesem Land und allen Lebewesen, die hier gelebt haben und mit all ihrer Sorgfalt das Leben für mich hier möglich und leicht machten.

Ich sehe all die Bekannten und Unbekannten, die mit ihren verschiedenen Begabungen, ihrer Ausdauer und Liebe dieses Land zu einem Ort gemacht haben, an denen Menschen verschiedenen Ursprungs jetzt leben können.

Ich sehe alle, die schwer arbeiteten, um Schulen, Krankenhäuser, Brücken und Straßen zu bauen, und all jene, die die Menschenwürde schützten, Wissenschaft und Technik entwickelten und die für Freiheit und soziale Gerechtigkeit kämpften.

Ich fühle mich verbunden mit meinen Vorfahren, die in Freude und Eintracht mit der Natur zu leben verstanden und die Wälder, Berge, Tiere, Pflanzen und Mineralien dieses Landes bewahrten. Ich spüre, wie die Kraft dieses Landes meinen Körper und meinen Geist durchströmt, mich stützt und annimmt.

Ich verspreche, diese Kraft zu pflegen und zu erhalten und sie an kommende Generationen weiterzugeben.

Ich verspreche, meinen Teil beizutragen, um Gewalt, Hass und Täuschung, die noch tief im kollektiven Bewusstsein dieser Gesellschaft sitzen, zu verwandeln, damit künftige Generationen friedlicher und in größerer Sicherheit und Freude leben können.

Ich bitte dieses Land um seinen Schutz und seine Unterstützung."

Die vierte Erdberührung

„In Dankbarkeit und Mitgefühl verneige ich mich und übertrage meine Energie an jene, die ich liebe.

Alle Energie, die ich erhalten habe, möchte ich nun meinem Vater, meiner Mutter, allen, die ich liebe und allen, die meinetwegen litten und sich sorgten, weitergeben.

Ich weiß, dass ich in meinem Alltagsleben nicht achtsam genug gewesen bin. Ich weiß auch, dass die, die mich lieben, ihre eigenen Schwierigkeiten gehabt haben. Sie haben gelitten, weil sie nicht das Glück hatten, in einem Umfeld zu leben, das sie zu ihrer vollen Entwicklung ermutigte.

Ich lasse meine Energie meiner Mutter, meinem Vater, meinen Brüdern und Schwestern, Freundinnen und Freunden, meinem Gatten, meiner Frau, meiner Tochter, meinem Sohn zufließen, damit ihr Kummer Linderung findet und sie lächeln können und Freude am Leben verspüren. Ich möchte, dass sie alle gesund und glücklich sind. Ich weiß, dass auch ich glücklich bin, wenn sie es sind.

Ich empfinde gegenüber keinem dieser Menschen mehr irgendwelchen Groll. Ich bitte darum, dass alle Vorfahren meiner leiblichen und meiner spirituellen Familie ihre Energien auf jede und jeden von ihnen richten, um sie alle zu beschützen und zu unterstützen. Ich weiß, dass ich nicht von ihnen getrennt bin. Ich bin eins mit denen, die ich liebe."

Die fünfte Erdberührung

„Mit Verständnis und Mitgefühl verneige ich mich, um mich mit all denen zu versöhnen, die mir Leid zugefügt haben.

Ich öffne mein Herz und sende die Energie meiner Liebe und meines Verstehens all jenen, die mir Leid zugefügt haben, all jenen, die vieles in meinem Leben und im Leben meiner Lieben zerstört haben. Ich weiß, dass diese Menschen selbst viel Leid erfahren haben und dass ihre Herzen voller Schmerz, Wut und Hass sind.

Ich weiß, dass jeder, der gelitten hat wie sie, sein Leiden an seine Umgebung weitergeben und andere leiden lassen wird. Ich weiß, dass sie kein Glück hatten und vielleicht niemals wirklich geliebt und umsorgt worden sind. Das Leben und die Gesellschaft haben ihnen auf vielerlei Weise zugesetzt. Sie wurden ungerecht behandelt und missbraucht.

Niemand hat sie auf den Weg des achtsamen Lebens geführt. So haben sie viele falsche Vorstellungen über das Leben, über mich und über uns entwickelt. Sie haben uns und den Menschen, die wir lieben, Unrecht getan.

Ich bitte die Vorfahren meiner leiblichen und spirituellen Familie, die Energie der Liebe und des Schutzes zu diesen Menschen zu schicken, die uns Leid zugefügt haben, damit ihre Herzen fähig werden, wie Blumen den Nektar der Liebe zu empfangen und zu voller Blüte zu gelangen. Ich bitte, dass sie Lebensfreude empfinden mögen, damit sie nicht weiter sich selbst und andere unglücklich machen.

Ich sehe ihr Leid und möchte keinerlei Gefühle des Hasses und des Zorns gegen sie mehr hegen. Ich möchte nicht, dass sie leiden. Ich richte die Energie meiner Liebe und meines Verstehens auf sie und bitte alle meine Vorfahren, ihnen zu helfen."

Die zwei Erdberührungen

Die Erdberührungen, egal welche Variante wir praktizieren, rufen uns auf zu mehr Verständnis und Mitgefühl. Sie appellieren an unsere Menschlichkeit und erinnern uns daran, dass wir mit allem tief verbunden sind. Die Praxis der folgenden „zwei Erdberührungen" ist meine persönliche

Abwandlung der beiden vorangegangenen Varianten. Ihr Fokus liegt auf innerer Ruhe, Gelassenheit und Stärke.

Lesen Sie sich den jeweiligen Text laut durch, bevor Sie sich rituell auf den Boden legen. Um Ihr Herz zu öffnen und den Geist zu beruhigen, können Sie diese beiden Erdberührungen auch regelmäßig vor Ihrer eigentlichen Sitzmeditation praktizieren.

Die erste Erdberührung

Bei der ersten Berührung mit dem Boden gebe ich all meine Sorgen nach unten ab. Ich übergebe Mutter Erde meinen Kummer und meine innere Not in dem Vertrauen, dass sie mich mit all meiner Last trägt. In meiner Vorstellung visualisiere ich, wie sie mich beschützt und alles, was mich quält und bedrückt in sich aufnimmt, ohne mich zu beurteilen. Ich stelle mir vor, dass sie mich wie eine liebende Mutter in ihre Arme nimmt und wiegt.

Die zweite Erdberührung

Während der zweiten Berührung nehme ich die Kraft der Erde in mich auf. Ich spüre ihre Stärke und Gelassenheit. Ich vertraue mich der unerschütterlichen Ruhe von Mutter Erde an und stelle mir vor, dass ihre allumfassende Liebe in jede Faser meines Körpers fließt. Ich weiß, dass Mutter Erde mich jederzeit nährt und dass sie mir ihre Kraft zur Verfügung stellt, wenn ich sie darum bitte.

Gehmeditation

DIE GEHMEDITATION ist eine Form der Meditation, die uns die Verbundenheit mit uns selbst, mit anderen und mit der Erde erfahren lässt.

Wir spüren den Boden unter den Füßen und sind uns jedes Schrittes bewusst. Wir bekommen mit, wie unsere Füße aufsetzen, wie sie abrollen und wie sich der Boden unter den Fußsohlen anfühlt. Um all dies genau erfahren zu können, reduziert sich unser gewöhnliches Lauftempo automatisch und wir sind in der Lage, jeden Schritt zu genießen.

Sie können Ihre Schritte während des Gehens mit dem Atem koordinieren, also etwa zwei Schritte beim Einatmen, drei Schritte beim Ausatmen machen – je nach Ihrem individuellen Atemvolumen. Die zeitgleiche Aufmerksamkeit auf den Atem und die Schritte erhöht die Konzentration und hilft Ihnen, Ihr Gedankenkarussell zu stoppen.

Um dies noch mehr zu unterstützen, können Sie im Stillen auch Worte sagen: z. B. „ein" beim Einatmen und „aus" beim Ausatmen. Oder Sie benennen den Ablauf des Gehens innerlich mit den Worten „heben", „führen" und „senken".

Bei der Gehmeditation geht es nicht darum, ein Ziel zu erreichen, sondern zu spüren: Wir sind bereits genau da, wo wir sein wollen – angekommen im Hier und Jetzt und mit jedem Schritt zuhause.

Die Praxis der Gehmeditation ist absichtslos: Wir gehen um des Gehens willen. Der Fokus liegt auf dem Gehen, und trotzdem nehmen wir auch unsere Umwelt wahr, ohne an den Sinneseindrücken anzuhaften. So ist es möglich, dass wir uns während des Gehens als Teil eines großen, lebendigen, fließenden Ganzen erleben können.

Es ist hilfreich, sich zunächst nur ein kurzes Wegstück zu suchen – etwa 10 bis 15 Schritte –, um sich mit der Praxis vertraut zu machen. Das hilft dem Geist, Achtsamkeit und Konzentration aufzubauen. Später kann daraus ein meditativer Spaziergang werden.

Bleiben Sie am Ende des zurückgelegten Übungsweges kurz aufrecht stehen und richten Sie die Aufmerksamkeit ein paar Atemzüge lang auf den Fluss des Atems oder auf das Empfinden der Fußsohlen, bevor Sie umkehren und wieder konzentriert losgehen.

An manchen Tagen ist es für den Geist schier unmöglich, zur Ruhe zu kommen. Wir fühlen uns gestresst und das Gedankenkarussell dreht sich unaufhörlich. In solchen Fällen können Affirmationen während der Gehmeditation uns helfen, ruhiger zu werden. Sprechen Sie innerlich beim ersten Schritt beispielsweise den Satz „Ich werde getragen“ und beim nächsten „Ich bin sicher“.

Fahren Sie mit den beiden Sätzen im Wechsel während des Gehens bis ans Ende der Wegstrecke fort.

Im offenen Gewahrsein verweilen

DAS SOGENANNTE „OFFENE GEWAHRSEIN" wird oft auch als eine Art weiter Raum beschrieben, in dem alles stattfindet und in dem es gilt, mit offenem Herzen achtsam zu verweilen. Ein durch Meditation geschulter und trainierter Geist kann sich in diesen grenzenlosen und in seiner Tiefe auch allwissenden Raum hineinbegeben, ja sogar mit ihm verschmelzen und den Phänomenen beim Entstehen und Vergehen regelrecht „zusehen". Dieser Raum, also das Gewahrsein an sich, ist leer und beinhaltet doch, oder gerade deswegen, alles – auch unser Denken, Fühlen und Handeln.

Unterschiedliche Meditationsformen wie *Vipassana*, Gehmeditation oder auf Objekte ausgerichtete Meditationen, worunter auch alle Atemmediationen fallen, helfen uns zunächst, den Geist zur Ruhe zu bringen, ihn geschmeidig und wach zu halten und ihn in seiner Konzentrationsfähigkeit zu unterstützen. Danach weiten wir das naturgegebene „Gewahr-sein" unseres Geistes aus, um im unendlichen Raum des Seins das Kommen und Gehen betrachten und erfahren zu können.

Wir beobachten *Anicca*, den steten Wandel im gegenwärtigen Moment: Wir sehen Gedanken aufkeimen und wieder in sich zusammenfallen, nehmen Körperempfindungen wahr und betrachten das weite Feld unserer wechselnden Gefühle.

Offenes Gewahrsein in der Meditation erfahren

Begeben Sie sich in Meditationshaltung. Lassen Sie sich im wahrsten Sinnes des Wortes in sich selbst nieder und entspannen Sie den Körper, so weit es Ihnen möglich ist.

Schließen Sie die Augen und gehen Sie mit der Aufmerksamkeit zum Atem. Beobachten Sie den Atemfluss, ohne einzugreifen oder etwas daran ändern zu wollen, bis Ihr Geist zur Ruhe gekommen ist.

Eine grundlegende Eigenschaft des Geistes ist das Wahrnehmen. Er ist sich den Dingen, die geschehen, von Natur aus gewahr; blitzschnell erfasst er Gedanken und feinste Regungen. Der Geist und das Gewahrsein sind untrennbar; sie sind im Grunde *eins*. Versuchen Sie, sich nun in die Weite des Gewahrseins hineinzubegeben, um darin zu verweilen.

Beobachten Sie das stete Kommen und Gehen der Phänomene, die in diesem Gewahrseinsraum aufsteigen und wieder vergehen: Gedanken, Gefühle und Empfindungen. Bleiben Sie an nichts haften und lehnen Sie nichts ab.

Kommen Sie immer wieder kurz zum Atem zurück, wenn Sie merken, dass Sie abschweifen. Falls es Ihnen schwer fällt, sich dem Raum des Gewahrseins zu öffnen, dann stellen Sie sich vor, dass Sie auf dem Gipfel eines Berges sitzen, von wo aus Sie in die unendliche Weite blicken können. Von hier oben aus betrachten Sie nun, was kommt und geht. Beenden Sie die Meditation mit ein paar bewussten Atemzügen.

Negativen Emotionen furchtlos begegnen

WIR HABEN OFT ANGST, uns unseren „negativen Gefühlen" zu stellen. Wir fürchten uns davor, in die Untiefen unserer Psyche hinabzusteigen, um dort Wut, Hass, Ärger, Trauer oder Furcht zu begegnen. Viele Menschen sind im Laufe ihres Lebens wahre Meister der Verdrängung geworden: Sie wollen den verschiedenartigen Schmerz nicht fühlen, der in den verborgenen Winkeln ihrer Herzen darauf wartet, ans Licht zu kommen. Sie haben Angst, von ihren inneren Dämonen verschlungen zu werden.

Doch nur, wenn wir unserem Schmerz, unserer Angst und unserer eigenen Gewalttätigkeit furchtlos ins Auge schauen und diesen Dämonen achtsam begegnen, ist Heilung möglich und *Bodhichitta*, das erwachte Herz, kann in Erscheinung treten und sich entfalten.

Wenn wir sorgfältig beobachten, während wir den Gefühlen gestatten, sich frei zu entfalten – ohne dass wir die Gedanken und Geschichten nähren, die sich darum weben, d. h., ohne in irgendeiner Form einzugreifen –, dann können wir erkennen, dass selbst die hartnäckigsten negativen Emotionen sich in einem steten Wandel befinden. Sie schwellen an und ebben wieder ab. Sie kommen und gehen.

Negative Gefühle und Emotionen wollen gesehen und liebevoll anerkannt werden, um heilen zu können. Sie benötigen einen sicheren Raum und ein furchtloses Herz, in dem sie ungehindert aufsteigen können.

Gefühle – negative wie positive – sind Energieströme, die unseren Körper durchfluten. Sie werden durch unsere Gedanken und Geschichten, die wir ihnen buchstäblich „andichten", genährt.

Aber sie erzählen uns auch von erlittenen Verletzungen, die vielleicht schon Jahrzehnte zurückliegen, und sie begleiten unsere aktuellen Erfahrungen; sie gehören zu unserem Dasein hier auf Erden untrennbar dazu.

Mit etwas Übung können wir auch den negativen Gefühlen offen und ehrlich begegnen, sodass sie ihre Energien frei entfalten können, ohne uns und anderen zu schaden.

Nehmen Sie sich für diese Meditation immer wieder genügend Zeit und haben Sie Geduld: Es braucht in vielen Fällen mehr als eine Meditationssitzung, um schmerzhafte Verkrustungen aufzuweichen. Alte Verletzungen und negative Emotionen heilen oft nur sehr langsam.

Scheuen Sie sich nicht, Hilfe zu suchen, wenn Sie bemerken, dass Sie Ihre innere Not nicht alleine bewältigen können. In manchen Situationen ist es ratsam, sich zunächst mithilfe eines Therapeuten seelisch zu stabilisieren, bevor man mit dieser Meditationspraxis beginnt.

Alten und verdrängten Gefühlen begegnen

Begeben Sie sich in Meditationshaltung und schließen Sie die Augen. Gehen Sie mit Ihrer Aufmerksamkeit zum Fluss des Atems und beobachten Sie diesen eine Zeit lang – bis sie merken, dass Ihr Geist zur Ruhe gekommen ist.

Wenden Sie sich nun achtsam Ihrem Körper zu. Wenn Sie Schmerzen oder Verspannungen bemerken, dann richten Sie die Aufmerksamkeit dorthin.

Unser Körper zeigt verdrängte Gefühle oft durch Schmerzen an. Öffnen Sie Ihr Herz für diese empfindsamen Stellen und beobachten Sie im Hintergrund zeitgleich den Atem wie er kommt und geht. Dies erdet und lässt aufkeimende Gefühle besser aushalten.

Begeben Sie sich in den Schmerz hinein: Wie fühlt er sich an? Ist er heiß, kalt, stechend oder dumpf?

Beobachten Sie die Gefühle, die zu den Schmerzen aufsteigen: Abneigung, Wut, Verzweiflung. Spüren Sie genau hin, in welchem Bezug diese Gefühle zum Schmerz stehen: Kommen alte Erinnerungen hoch? Wird er dabei stärker oder schwächer?

Beobachten Sie, welche Bilder zu den Gefühlen aufsteigen. Oft liegt der Schmerz in der Kindheit begründet; es sind vielleicht zurückgehaltene Tränen, die nun endlich fließen wollen und die sich bisher z. B. im Schulterbereich oder im Kiefer als Verspannung zusammengezogen haben.

Stellen Sie sich vor, dass Sie wie eine fürsorgliche Mutter oder ein liebevoller Vater das kleine Kind, das nun endlich weinen darf, in Ihren Armen halten und wiegen. Lassen Sie allen Gefühlen ihren Lauf und geben Sie ihnen so viel Raum, wie es Ihnen im Moment möglich ist.

Vor allem aber: Haben Sie Geduld! Manchmal zeigen sich alte Wunden erst nach längerer Praxis.

Gehen Sie behutsam mit sich um und setzen Sie sich nicht unter Druck. Verdrängte Wunden zeigen sich erst, wenn die Zeit reif dafür ist.

Aktuellen Gefühlen begegnen

Wenn Sie sich mit einem aktuellen, schwierigen Gefühl wie Trauer, Wut oder Angst in die Meditation begeben wollen, dann praktizieren Sie in ähnlicher Weise:

Nehmen Sie Ihre Meditationshaltung ein und schließen Sie die Augen. Versuchen Sie, mithilfe des bewussten Atmens Ihren Geist zur Ruhe zu bringen – trotz der starken Emotionen, die Sie im Moment vielleicht gerade erfahren.

Manchmal ist es hilfreich, zuerst eine Gehmeditation zu praktizieren, um das aufgewühlte Herz und die damit einhergehenden Gedanken zu beruhigen. Ein paar achtsame Schritte können in vielen Fällen den Raum für eine furchtlosere Begegnung mit heftigen Gefühlen in der nachfolgenden Sitzmeditation öffnen.

Spüren Sie also genau hin, was Körper und Geist in dieser Situation brauchen und handeln Sie danach. Ihr Körper weiß sehr genau, was zu tun ist!

Greifen Sie während der Meditation im Sitzen immer wieder auf Ihren Atem als Anker zurück und setzen Sie sich nicht unter Druck: Geben Sie den vorherrschenden Gefühlen so viel Raum, wie es Ihnen im Moment möglich ist.

Beobachten Sie zunächst, wie sich das Gefühl – die enorme Wut, die tiefe Trauer oder die bodenlose Angst – im Körper anfühlt: Wo genau sitzt die Wut? Wie fühlt sich das verkrampfte oder verzweifelte Herz an?

Suchen Sie nach adäquaten Bildern: das scharfe Messer, das Sie in Ihrem Herzen fühlen, der heiße Lavastrom an Wut, der den Brustkorb durchfließt, oder die kalte Angst, die sich wie ein Strick um den Hals legt und ihn einengt. Fühlen Sie, was für Sie passt.

Versuchen Sie, in diese Bilder und Gefühle hineinzuatmen, ohne Sie verändern zu wollen. Lassen Sie Ihren Atem zu dem Raum werden, in dem alle diese schlimmen Gefühle Platz haben können.

Gehen Sie dabei sehr behutsam mit sich um und gestatten Sie Ihren Tränen, frei zu fließen. Achten Sie genau darauf, wie viel Sie sich an Gefühlen zumuten können. Ist die Last zu schwer, dann gehen Sie zurück zum bewussten Ein- und Ausatmen.

Sinnesmeditationen: Riechen, Schmecken, Tasten, Hören, Sehen

UNSERE SINNE sind eng mit den sogenannten „fünf Daseinsgruppen“ verbunden, auch die „fünf Gruppen des Anhaftens“ *(Khandha)* genannt, die dem Buddha zufolge dieses fragile, sich stets im Wandel befindende Selbst bilden, das wir Menschen als Ich bezeichnen:

Körperlichkeit · Gefühle · Wahrnehmungen · Geistesformationen · Bewusstsein

Sich in der Meditation eingehend mit den Sinneseindrücken auseinanderzusetzen, kann zu tiefer Einsicht und Erkenntnis führen. Im Kommen und Gehen der Empfindungen und Gedanken erkennen wir *Anicca*, den steten Wandel. Außerdem erfahren wir in direkter Weise, wie wir durch die Gefühlstönungen, die unser Erleben begleiten, an den Geschehnissen anhaften oder sie loswerden wollen.

Schlichtweg jeder Sinneseindruck wird von solch einer Gefühlstönung *(Vedana)* begleitet: Wir empfinden etwas als angenehm, unangenehm oder als neutral – und bewerten dies als positiv oder negativ oder wir haben gar kein Urteil dazu. Diese Gefühlstönungen sind geprägt durch unsere Erziehung, durch das kulturelle Umfeld und durch persönliche

Vorlieben und Abneigungen. *Vedana* tritt innerhalb von Bruchteilen von Sekunden und oftmals unbewusst in Erscheinung und ist direkt mit der jeweiligen Wahrnehmung gekoppelt; der Geist „dockt" dort regelrecht an. Empfinden wir also etwas als angenehm, möchten wir mehr davon oder wir wollen die schöne Erfahrung gar nicht mehr loslassen. Ist etwas unangenehm, dann lehnen wir es ab.

Der chinesische Chan-Meister Huangbo Xiyun (9. Jahrhundert) gab seinen Schülern diese Worte mit auf ihren Übungsweg:

„*Wenn ihr Schüler des Weges durch Sehen, Hören, Fühlen und Erkennen Fortschritte zu erreichen sucht, dann werdet ihr, wenn euch die Wahrnehmungen genommen werden, vom Weg zum Geist abgeschnitten, und ihr werdet nirgends Eintritt finden.*

Ihr müsst nur gewahr werden, dass der wahre Geist, auch wenn er sich in diesen Wahrnehmungen ausdrückt, weder Teil von ihnen noch von ihnen getrennt ist.

Ihr dürft aus diesen Wahrnehmungen keine Schlüsse ziehen noch begriffliche Gedanken entstehen lassen. Aber ebenso wenig solltet ihr den Geist außerhalb dieser Wahrnehmungen suchen oder sie auf eurer Suche nach den Dharma aufgeben. Behaltet sie nicht, gebt sie auch nicht auf, wohnt nicht in ihnen und haftet nicht an ihnen.

Über, unter und um euch herum ist alles augenblicklich aus dem Geist geschaffenes Sein; nichts ist außerhalb des Buddha-Geistes."

Für Huangbo Xiyun bestand die Kunst jedweder Meditation darin, sich der natürlichen Freude, die aus der meditativen Praxis entsteht, frei und ungehindert hinzugeben – also auch den Sinneseindrücken –, ohne anzuhaften und in dem Wissen, dass es nichts gibt, was absolute Existenz besitzt. Die folgende Meditation dient als Beispiel und ist entsprechend abgewandelt auf alle Sinnesmeditationen übertragbar.

Bewusstes Essen

Wählen Sie sich eine einzelne Speise für die Meditation, z. B. einen Apfel oder ein Stück Brot. Setzen Sie sich damit entspannt hin und betrachten Sie das Lebensmittel von allen Seiten. Nehmen Sie Oberflächen und Farben genau wahr. Spüren Sie das Gewicht in der Hand und bemerken Sie, was dabei in Ihrem Körper passiert: Läuft Ihnen das Wasser im Mund zusammen? Spüren Sie den Impuls, herzhaft zu zubeißen? Welche Gefühlsfärbungen tauchen dazu auf? Empfinden Sie die Speise schon allein optisch als angenehm oder unangenehm? Nehmen Sie all diese Erfahrungen achtsam wahr und beginnen Sie dann, zu essen. Wie fühlt sich die Speise im Mund an? Schmeckt es Ihnen? Achten Sie auf Ihre Emotionen: Möchten Sie mehr davon – steigt vielleicht Gier auf? Welche Konsistenzen und Geschmacksrichtungen schmecken Sie heraus? Beobachten Sie alles ganz genau und spüren Sie nach dem Essen noch eine Weile nach.

Tonglen, das Erwachen des Herzens

DER BEGRIFF TONGLEN stammt aus dem Tibetischen und lässt sich mit „Geben und Bekommen" übersetzen. Manche betrachten *Tonglen* als eine Weiterführung der *Brahmaviharas*, der „vier himmlischen Verweilzustände". Beiden Praktiken ist gemein, dass sie viel Übung erfordern und im Grunde eine lebenslange Aufgabe darstellen, der man sich immer wieder aufs Neue mit Hingabe widmen kann.

Üben wir uns mithilfe der *Brahmaviharas* in liebender Güte, Mitgefühl, Mitfreude und Gelassenheit, so nehmen wir während der Praxis des *Tonglen* das Leid anderer Wesen in unser Herz auf und senden ihnen anschließend Licht, Herzenswärme, Frieden, Glück und Wohlergehen.

Sie können *Tonglen* auf dem Kissen, also während der formellen Meditationszeit praktizieren, aber auch im Alltag immer wieder üben.

Tonglen öffnet unser Herz und lässt *Bodhichitta* das „erwachte Herz" erstrahlen. Üben wir regelmäßig *Tonglen*, dann entfernen wir langsam und Schicht für Schicht all die Verkrustungen und undurchsichtigen Schleier, die dieses reine und von Natur aus bereits vollkommen erwachte Herz bedecken und verdunkeln.

Das Kultivieren von *Bodhichitta*, dem allumfassenden „Herzgeist", durch *Tonglen*, verbindet uns auf tiefste Weise mit uns selbst und mit allen fühlenden Wesen.

Tonglen im Sitzen

Die Praxis des *Tonglen* hat eine lange Tradition und wird oft von erfahrenen Lehrern angeleitet. Die folgende Anweisung bildet einen Einstieg in diesen tibetischen Weg des Friedens und der Freundschaft mit sich selbst und anderen.

Begeben Sie sich in Meditationshaltung. Schließen Sie die Augen und verbinden Sie sich mit dem Atem. Folgen Sie so lange bewusst seinem natürlichen Fluss, bis sich der Geist beruhigt und entspannt hat. Öffnen Sie dann zunächst Ihr Herz für all die positiven Eigenschaften, die in ihm schlummern: Liebe, Weisheit und Mitgefühl. Verbinden Sie sich ein paar Atemzüge lang mit diesem grundlegenden Gutsein.

Stellen Sie sich danach vor, dass mit jedem Einatmen Dunkles und Schweres Ihr Herz durchflutet und spüren Sie die Enge, die damit einhergeht. Lassen Sie im Gegenzug mit dem Ausatmen Licht, Liebe und Wärme in die Welt hinausströmen. Fahren Sie im Wechsel fort: Einatmen – Dunkelheit und Enge, Ausatmen – Licht und Weite.

Gehen Sie während dieser Übung sehr behutsam und sanft mit sich um. Spüren Sie genau hin, wie sich Enge und Weite im direkten Vergleich anfühlen.

Es kann hilfreich sein, sich beim Einatmen die Farbe Grau vorzustellen und beim Ausatmen Gold: „grau“ einatmen – „gold“ ausatmen …

Versuchen Sie, die Atemzüge möglichst gleich lang zu halten, und bleiben Sie einige Minuten lang bei diesem Teil der Praxis, bevor Sie mit der Übung weitermachen. Manchmal ist es ratsam, mit dem nächsten Schritt erst dann fortzufahren, wenn man sich mit dem vorangegangenen Abschnitt gut vertraut gemacht hat.

Auch hier gilt: Spüren Sie genau hin, überstürzen Sie nichts und überfordern Sie sich nicht.

Experimentieren Sie, wenn Sie möchten, mehrere Sitzungen lang mit Grau und Gold im Einklang mit dem Ein- und Ausatmen, bevor Sie die Praxis weiterführen.

Ist Ihr Herz mit dem Wechsel von erdrückender Enge und erfrischender Weite vertraut genug, dann geht es im Folgenden um eine Situation oder eine Begebenheit, die Sie persönlich berührt und beschäftigt. Hierbei dreht es sich aber nicht um Ihren eigenen Schmerz, sondern um den der anderen. Vielleicht hat Sie das Schicksal eines Freundes berührt, der plötzlich krank geworden ist. Oder Sie haben Mitgefühl mit einem Tier, dem Leid zugefügt wurde. Vielleicht begleiten Sie gerade eine Freundin durch die schmerzhafte Zeit einer Trennung oder Sie fühlen mit einem Menschen, der einen lieben Angehörigen verloren hat.

Verbinden Sie sich nun mit dem Schmerz des anderen und atmen Sie sein Leid tief ein. Nehmen Sie dabei, wenn nötig, Ihre Fantasie zu Hilfe und stellen Sie sich vor, wie dieses Wesen in seinem Schmerz sich gerade fühlen mag.

Senden Sie dann mit dem Ausatmen alle Liebe und das Licht Ihres Herzens zu diesem Menschen oder zu dem Tier. Stellen Sie sich vor, wie es wäre, wenn dieses Wesen glücklich und fröhlich wäre und sich geliebt und sicher fühlen könnte. Senden Sie diese Gefühle von Offenheit, Freude, Vergebung und Mitgefühl von Ihrem Herzen direkt hinaus in die Welt.

Sie können sich aber auch ganz konkret vorstellen, wie z. B. ein hungerndes Kind vor einem gefüllten Teller sitzt und sich endlich satt essen kann oder wie ein geprügelter und gequälter Hund Aufnahme in einer liebevollen Familie findet. Oder Sie bringen den Humor und das Lachen zurück in ein Haus, wo bisher nur Gram und Härte vorherrschten, oder Sie stellen einem einsamen Menschen einen Gefährten zur Seite.

Fahren Sie so im Wechsel fort: Einatmen – Leid und Schmerz, Ausatmen – Liebe, Freude und Mitgefühl.

Das *Tonglen*-Übungsfeld ist schier unermesslich und berührt mitunter auch unseren eigenen Schmerz und die persönlichen Probleme und Verletzungen, doch grundsätzlich gilt für diese Praxis, dass wir uns in erster Linie im Mitgefühl für andere üben.

Letztlich erkennen und erfahren wir durch die Praxis des *Tonglen,* dass wir nicht alleine sind mit unserem Leid. Wir sind nicht getrennt von anderen fühlenden Wesen und erleben die gleichen Gefühle wie alle anderen auch. Diese Erkenntnis führt zu einer tiefen Verbundenheit mit allen Lebewesen auf dieser Erde.

Die Praxis des *Tonglen* lässt sich also auch auf Menschen und Lebewesen ausweiten, die wir nicht persönlich kennen. Dies ist ein wichtiger Teil der Übung, denn dadurch bleiben wir nicht bei denjenigen, die wir kennen und die uns durch die eine oder andere Art persönlich berühren, sondern weiten den Radius aus.

So können wir z. B. das allgemeine Gefühl von Trauer einatmen und tief in unser Herz einlassen. Niemand bleibt von Trauer verschont, und wir alle gehen durch Gefühle und Zustände von Verlassenheit, tiefem Schmerz, seelischer Not, Krankheit und Verlust. *Bodhichitta*, das erwachte Herz, ist groß genug, um all dieses Leid in sich aufzunehmen, um es schließlich in Licht und Liebe zu transformieren.

Tonglen im Alltag

Auch in unserem Alltagsleben bieten sich viele Gelegenheiten, *Tonglen* zu praktizieren. Angefangen bei der offenen Hand eines Bettlers an der Straßenecke. Anstatt, dass wir uns jetzt innerlich abwenden, können wir den physischen und emotionalen Hunger dieses Menschen einatmend in uns aufnehmen, um ihm mit dem Ausatmen ein schöneres und glücklicheres Leben zu wünschen.

Aber auch die kleinen, nicht ganz so augenscheinlichen Begebenheiten bieten uns oft genug die Gelegenheit, *Bodhichitta* zu kultivieren. Vielleicht beobachten Sie einen Streit zwischen einem Paar in der Straßenbahn. Nehmen Sie den Schmerz, vom anderen nicht verstanden zu werden, in sich auf, oder die Hilflosigkeit, sich nicht wirklich mitteilen zu können. Versuchen Sie, die brennende Wut zu erspüren oder auch die tiefer liegende Angst, vom Partner verlassen zu werden. Senden Sie dann Versöhnung, Liebe und Erleichterung, aber auch ihr eigenes Gefühl des Berührtseins und des Verstehens den beiden entgegen.

Halten Sie täglich Ausschau nach solchen Übungsgelegenheiten, damit Ihr Herz sich immer weiter öffnen und *Bodhichitta* sich entwickeln kann.

An manchen Tagen ist es möglich, das eigene Herz so weit zu öffnen, dass schier die ganze Welt darin Platz zu haben scheint. Lassen Sie diese Gelegenheit nicht ungenutzt verstreichen, sodass das Licht und die Liebe Ihres „erwachten Herzens“ in alle Ecken des Universums vordringen können.

Vergebungsmeditation

WIR ALLE wollen geliebt werden. Aber tragischerweise verletzen sich viele von uns in erster Linie selbst: Wir verurteilen uns innerlich, machen uns klein und beschimpfen uns. Wir finden uns hässlich und dumm. Manchmal gehen wir mit unserem eigenen Herzen derart schlecht um, dass wir krank werden. Wir setzen uns unter unvorstellbaren Druck, um uns selbst zu genügen. Oftmals würden wir nicht einmal unseren ärgsten Feind so streng und ungnädig behandeln, wie wir mit uns selbst umgehen. Sich selbst für die eigene Lieblosigkeit zu vergeben, ist im Grunde der Schlüssel für das Verzeihen schlechthin.

Natürlich verletzen wir nicht nur uns selbst, sondern auch die anderen, ohne es zu wollen. Aber manchmal geschehen die Verletzungen, die wir anderen beibringen, auch ganz bewusst aus einem Gefühl des Ärgers, der Wut oder aus einem Missverständnis heraus – und im schlimmsten Fall hassen wir unser Gegenüber.

Wir können die Menschen, denen wir weh getan haben, um Verzeihung bitten. Aber wir können sie nicht dazu zwingen, dass sie uns vergeben! Wichtig ist, dass wir ihnen stets das Recht einräumen, dass sie sich genügend Zeit und Raum – also auch Abstand – nehmen, bevor sie uns wirklich verzeihen können.

Manche Menschen müssen zudem auch noch unvorstellbares Leid durch äußere Umstände erfahren. Sie wurden vielleicht schon als Kind von Menschen verletzt, denen sie vertraut haben, manchmal sogar von Personen aus dem direkten familiären Umfeld.

Die Heilung solcher seelischen und emotionalen Verletzungen geht mitunter nur sehr langsam voran. Es ist immer ratsam, solch traumatische Erfahrungen mit professioneller Begleitung, etwa der eines Therapeuten, zu bearbeiten. Sie müssen diesen Weg nicht alleine gehen!

Menschen, die unsere Seele auf gravierende Art beschädigt haben, übereilt zu vergeben, ist nicht sinnvoll – und vielleicht ist es überhaupt nicht möglich. Aber auch das ist in Ordnung, denn Wunden heilen in ihrem eigenen Tempo: Sie brauchen Zeit – mal mehr, mal weniger. Setzen Sie sich also niemals unter Druck – und verurteilen Sie sich nicht für Ihre Gefühle, seien diese auch noch so sehr von Wut, Trauer und Verzweiflung gefärbt.

Geben Sie sich für diese Meditation genügend Zeit und überstürzen Sie nichts. Wahre Vergebung braucht die Anerkennung des Schmerzes und ein liebevolles und mitfühlendes Herz, das bereit ist, sich allem zu öffnen. Das kann mitunter ein Leben lang dauern.

Nehmen Sie die nachstehenden Vergebungssätze immer dann zur Hand, wenn Sie das Gefühl haben, dass Ihr Herz

bereit dazu ist. Meditieren Sie darüber und lassen Sie die Sätze tief auf sich wirken. Bemerken Sie den Schmerz, der durch diese Übung aufsteigen kann, und versuchen Sie, ihm so offen wie möglich zu begegnen: Alter Schmerz möchte gesehen werden, damit er sich auflösen kann.

Gehen Sie sanft mit sich selbst um, und nehmen Sie professionelle Hilfe in Anspruch, wenn vergessene Wunden aufreißen, die sich als zu traumatisch erweisen, um alleine damit fertig zu werden.

Im Folgenden finden Sie nun die komplette Meditation.

Meditation der Vergebung

„Auf welche Art und Weise ich mich auch immer selbst verletzt habe,
bewusst oder unbewusst, in Gedanken, mit Worten oder Taten,
aus Angst, Wut, Ärger, Verzweiflung oder Verwirrung heraus,
ich vergebe mir, soweit es mir im Moment möglich ist.

Auf welche Art und Weise auch immer ich andere verletzt habe,
bewusst oder unbewusst, in Gedanken, mit Worten oder Taten,
aus Angst, Wut, Ärger, Verzweiflung oder Verwirrung heraus,
ich bitte sie um Vergebung, soweit es ihnen im Moment möglich ist.

Auf welche Art und Weise auch immer mich andere verletzt haben,
bewusst oder unbewusst, in Gedanken, mit Worten oder Taten,
aus Angst, Wut, Ärger, Verzweiflung oder Verwirrung heraus,
ich vergebe ihnen, soweit es mir im Moment möglich ist."

Vipassana, die Einsichtsmeditation

VIPASSANA HILFT UNS, den Dingen auf den Grund zu gehen, um zu erkennen, wie sie wirklich sind. Mithilfe des Körpers und seinen Erfahrungen, Empfindungen, Geisteszuständen und Gefühlen gewinnen wir Einsicht und erlangen so nach und nach tiefe Erkenntnisse, die sich sogar weit über die körperlichen Erfahrungen hinaus erstrecken können. *Vipassana* verlangt nach einem wachen, klaren und konzentrierten Geist, der Freude am Erforschen hat. Ein erfahrener *Vipassana*-Lehrer kann zum Erlernen dieser Methode sehr hilfreich sein.

Begeben Sie sich in Meditationshaltung. Achten Sie darauf, dass Ihr Rücken gerade und der Körper dabei so entspannt wie möglich ist.

Schließen Sie die Augen und gehen Sie mit der Aufmerksamkeit zum Atem. Suchen Sie sich eine geeignete „Stelle" in Ihrem Körper, wo Sie Ihren Atem gut spüren können: etwa das Heben und Senken der Bauchdecke oder das Ein- und Ausströmen des Atems durch die Nasenlöcher. Beobachten Sie den Fluss des Atems, ohne einzugreifen.

Um den Geist in seiner Konzentration zu unterstützen, ist es gut, die Empfindungen und Geschehnisse zu „etikettieren": Benennen Sie jedes Einatmen im Stillen mit „ein" und das Ausatmen mit „aus" oder mit „heben" und „senken". Es hilft, den Geist ein paar Sitzungen lang nur beim Atem zu halten und erst später das Übungsfeld zu erweitern. So wird der Geist trainiert und stabiler. Achten Sie zudem darauf, dass das „Etikettieren" ohne Druck und Härte geschieht, sonst überlagert es die eigentlichen Empfindungen.

Wenn Sie merken, dass Sie abschweifen, dann nehmen Sie dies achtsam wahr und benennen Sie den Ausflug Ihres Geistes mit „denken"; kommen Sie dann zum Atem zurück.

Nach einiger Übung lässt sich das Bewusstseinsfeld immer weiter ausdehnen und die *Vipassana*-Meditation wird zur unerschöpflichen Übungsquelle.

Spüren Sie anderen Körperempfindungen nach: Wo berührt z. B. das Gesäß das Kissen und wie fühlt sich das an? Wo wird Schmerz im Körper erfahren und wie fühlt er sich an? Benennen Sie den Schmerz möglichst konkret, etwa mit „heiß", „fest" oder „brennend" …

Verfahren Sie genauso mit Ihren Gedanken, Gefühlen und Geisteszuständen: Benennen Sie innere Unruhe oder Langeweile und spüren Sie dem Drang nach, aufstehen zu wollen. Schauen Sie Ihrem Geist beim Pläneschmieden zu und benennen Sie dies entweder mit „planen" oder, falls Ihr Gedankenkarussell Sie nicht loslässt, etwas genauer, wie „träumen", „grübeln" oder „kritisieren" … Wenn Gefühle begleitend aufsteigen, dann benennen Sie auch diese.

Dehnen Sie Ihre Meditation auf die Sinneserfahrungen aus: Benennen Sie „hören", „riechen" und auch das „Sehen" beim Meditieren mit geöffneten Augen. Bemerken Sie dazu Ihre Körperempfindungen oder Gefühlsfärbungen wie „angenehm", „unangenehm" oder „neutral".

Kehren Sie während einer Meditationssitzung immer wieder zum Atem zurück, vor allem dann, wenn gerade nichts „Vordergründiges" geschieht, wie eine starke Emotion oder eine unangenehme Körperempfindung.

Versuchen Sie nicht, in die Geschehnisse einzugreifen, indem Sie sich beispielsweise bemühen, eine unangenehme Erfahrung zu beschleunigen oder eine angenehme zu vertiefen. Bleiben Sie mit zärtlicher Gelassenheit und einem wachen Interesse bei den Dingen, die sich in Ihrem Inneren und im Außen abspielen. Greifen Sie nach nichts und lehnen Sie nichts ab.

Vipassana lässt uns *Anicca*, den steten Wandel, tief verstehen. Beobachten wir *Anicca,* dann erkennen wir, dass alles kommt und geht. Wir begreifen, dass wir nichts festhalten können. Es gibt also auch keine angenehme Erfahrung, die für immer andauert und die uns ewige Erfüllung bringen kann. Mithilfe von *Vipassana* können wir am eigenen Leib erforschen und fühlen, wie schmerzhaft das Anhaften ist und wie befreiend das Loslassen.

Weiterführende Literatur

Batchelor, Steven: Buddhismus für Ungläubige, Frankfurt am Main 2011

Goldstein, Joseph: Vipassana-Meditation, Die Praxis der Freiheit, Freiamt im Schwarzwald 1999

Kabat-Zinn, Jon: 108 Momente der Achtsamkeit, Freiamt im Schwarzwald 2009

Mannschatz, Marie: Buddhas Anleitung zum Glücklichsein, Fünf Weisheiten, die Ihren Alltag verändern, München 2007

Salzberg, Sharon: Metta Meditation, Buddhas revolutionärer Weg zum Glück, Freiamt im Schwarzwald 1996

Von Allmen, Fred: Buddhismus, Lehren, Praxis, Meditation, Bielefeld 2007

Buddhistische Zentren

Europäisches Institut für Angewandten Buddhismus (Thich Nhat Hanh), Waldbröl, Deutschland: www.eiab.eu

Buddha-Haus (Ayya Khema), Allgäu: www.buddha-haus.de

Meditationszentrum Beatenberg (Vipassana-Meditation), Schweiz: www.karuna.ch

Buddhistisches Zentrum Scheibbs (vorwiegend Zen), Österreich: www.bzs.at

Plum Village – Mindfulness Practice Centre (Thich Nhat Hanh), Frankreich: www.plumvillage.org

Spirit Rock Meditation Center (Vipassana-Meditation), Kalifornien, USA: www.spiritrock.org

Wertvolle Informationen zum Buddhismus im deutschsprachigen Raum finden Sie unter www.buddhismus-deutschland.de

Webseite der Autorin: www.susanneseethaler.de

Dank

Ich bedanke mich von Herzen bei Jan-Michael Erhardt, der mir als weiser und großherziger Ratgeber zur Seite stand.

Pille Engelke und ihre Familie öffneten mir großzügig ihr Haus in Fischerhude, sodass ich in wunderbarem Ambiente schreiben und arbeiten durfte.

Und ich bedanke mich bei und verbeuge mich vor meinen Lehrern: jenen aus der Vergangenheit, den gegenwärtigen und bei allen, die in der Zukunft noch kommen mögen.

Glossar

Anicca – steter Wandel

Apranihita – Wunsch- bzw. Ziellosigkeit, wörtlich „richtungslos"

Bodhichitta – das erwachte Herz, auch genannt Erleuchtungsgeist bzw. „Buddha-Natur", die allen Wesen innewohnt

Bodhisattva – wörtlich „Erleuchtungswesen", dessen Handeln von Mitgefühl (*Karuna*) und Weisheit (*Pranja*) getragen wird

Brahmaviharas – die „vier himmlischen Verweilzustände": liebende Güte (*Metta*), Mitgefühl (*Karuna*), Mitfreude (*Mudita*) und Gleichmut (*Upeksha*)

Buddha – der Erwachte bzw. der Erleuchtete

Dana – großzügiges Geben

Dharma – wörtlich „das Tragende", die Lehren des Buddhas

Drei Juwelen – auch die „drei Schätze": *Buddha*, der Erwachte; *Dharma*, die Lehren des Buddha; und *Sangha*, die Gemeinschaft der Praktizierenden

Dukkha – Leid bzw. die „Leidhaftigkeit des Seins“
Edler achtfacher Pfad – der Wegweiser zur Erleuchtung (*Nirvana*):
1. rechte Sichtweise, 2. rechte Absicht bzw. Gesinnung,
3. rechte Rede, 4. rechtes Handeln bzw. Tun,
5. rechter Lebenserwerb, 6. rechtes Bemühen,
7. rechte Achtsamkeit, 8. rechte Sammlung
Intersein – beschreibt die gegenseitige Abhängigkeit aller Daseinsformen: „Nichts besteht allein aus sich selbst heraus!“ Der Begriff wurde maßgeblich von Thich Nhat Hanh (vietnamesischer Zenmeister) geprägt
Khandha – Die fünf Gruppen des Anhaftens bzw. jene fünf Daseinsgruppen, die das Gefühl eines dauerhaften Ich begründen: die Gruppe der Körperlichkeit; die Gruppe der Gefühle; die Gruppe der Wahrnehmungen; die Gruppe der Geistesformationen, der Gedanken; die Gruppe des Bewusstseins
Karma – heilsame und unheilsame Handlungen bzw. Absichten oder Taten und die daraus folgenden Konsequenzen
Karuna – universelles Mitgefühl
Metta – liebende Güte bzw. universelle Liebe
Mudita – universelle Mitfreude
Nirvana – Erleuchtung, wörtlich „Erlöschen“
Passadhi – friedvolle Stille, Ruhe und Gelassenheit
Samadhi – meditative Versenkung bzw. Sammlung
Samsara – Kreislauf der Wiedergeburten, wörtlich „Wanderung“
Sangha – Gemeinschaft der Praktizierenden, wörtlich „Gemeinschaft“
Sati – Achtsamkeit

Satipatthana – wörtlich die „vier Grundlagen der Achtsamkeitspraxis" (*Sati*): Betrachtung des Körpers; Betrachtung der Gefühle; Betrachtung der Geistesobjekte; Betrachtung des Bewusstseins

Sutra – Lehrrede

Tanha – Begehren, Verlangen

Tonglen – wörtlich „aufnehmen und aussenden", tibetische Meditationsform zur Entwicklung von *Bodhichitta*, dem „Erwachen des Herzens", und Mitgefühl

Upeksha – vollkommene Ausgeglichenheit bzw. Gleichmut oder Gelassenheit

Vedana – die sogenannte „Gefühlstönung", die sich auf jede angenehme, unangenehme oder neutrale Erfahrung inklusive der Gedanken bezieht

Vier edle Wahrheiten – Kernsätze des *Dharma*:
Leben ist Leiden (*Dukkha*)
Der Grund für das Leiden ist Anhaften, das Begehren. (*Tanha*)
Der Zustand, in dem kein Anhaften mehr geschieht,
ist der Zustand der Erleuchtung. (*Nirvana*)
Der Weg, der zum Nicht-Anhaften führt heißt *edler achtfacher Pfad.*

Vipallasa – die „vier Verblendungen" des Geistes:
Der Geist weigert sich, Vergänglichkeit anzunehmen.
Der Geist sieht Zustände und Phänomene als dauerhaft an.
Der Geist nimmt sich als getrennt und eigenständig wahr.
Der Geist klammert sich an Begehrenswertes.

Vipassana – Einsichtsmeditation, wörtlich „Einsicht in die Dinge, wie sie sind"

IMPRESSUM

© der deutschen Ausgabe 2014 by Irisiana Verlag, einem Unternehmen der Verlagsgruppe Random House GmbH, 81637 München. Die Verwertung der Texte und Bilder, auch auszugsweise, ist ohne Zustimmung des Verlags urheberrechtswidrig und strafbar. Dies gilt auch für Vervielfältigungen, Übersetzungen, Mikroverfilmung und für die Verarbeitung mit elektronischen Systemen.

Die Verlagsgruppe Random House weist ausdrücklich darauf hin, dass bei Links im Buch zum Zeitpunkt der Linksetzung keine illegalen Inhalte auf den verlinkten Seiten erkennbar waren. Auf die aktuelle und zukünftige Gestaltung, die Inhalte oder die Urheberschaft der verlinkten Seiten hat der Verlag keinerlei Einfluss. Deshalb distanziert sich die Verlagsgruppe hiermit ausdrücklich von allen Inhalten der verlinkten Seiten, die nach der Linksetzung verändert wurden und übernimmt für diese keine Haftung.

Der Abdruck der „Drei" und „Fünf Erdberührungen" des Autors Thich Nhat Hanh, erschienen in: Die Heilkraft buddhistischer Psychologie, Kösel München 2009, übersetzt von Ursula Richard, erfolgt mit freundlicher Genehmigung von Kösel, München.

Projektleitung: Nikola Hirmer
Redaktion: Ulrike Schöber
Satz: Birgit Bödeker, Dortmund
Bildredaktion: Christa Jaeger
Korrektorat: Annette Hartwig, München
Layout: Claudia Hautkappe, München
Umschlaggestaltung und Konzeption: Geviert – Büro für Kommunikationsdesign München

Bildnachweis: Buch Innenteil: *Corbis:* 9 (Robert Harding); *Fotolia.com:* 5 (xiaoliangge), 18 (jd-photodesign), 87 (panuruangjan); *Getty Images:* 51 (David De Lossy); *photodisk:* 58; *Photoalto:* 30 (Alix Minde) Karten: *Fotolia.com:* 11 (Daniel Prudek), 12 (lightmood), 13 (siamphoto), 14 (ihereneaw), 15 (beebabylon), 18 (Wouter Tolenaars), 26 (topten22photo), 27 (MO:SES), 29 (luckypic), 30, 57 (Mariusz Prusaczyk), 33 (tiverylucky), 37 (ivan kmit), 41 (PerfectLazybones), 47 (Pixelrohkost), 48 (phoopanotpics), 51 (lonelyman), 52 (pzAxe), 54 (Psop Photo), 55 (sytilin), 62 (Dr Ajay Kumar Singh); *Getty Images:* 1 (Gianluca Milella), 2 (William Lester), 3 (yaplan), 4 (Cultura RM/Gary Latham), 6 (David Edwards), 7 (uniquley India), 8 (Dimitri Otis), 9 (Stephen Walford Photography), 16 (Paul Kennedy), 17 (Frank van den Bergh), 19 (Keren Su), 20 (Chanyut Sribua-rawd), 21 (Cultura Travel/Stuart Westmorland), 22 (Buena Vista Images), 23 (Darrin Klimek), 24 (Jonathan & Angela Scott), 25 (Alexandre Shimoishi), 28 (Danita Delimont), 32 (Mishel Breen photography), 34 (Asia Images Group), 35 (Martin Gray), 36 (Stuart Westmorland), 39 (WIN-Initiative), 43 (Kuba Abramowicz), 44 (Jeremy Woodhouse), 45 (Photographer's Choice), 46 (Bartosz Hadyniak), 49 (Buena Vista Images), 50 (photodisc), 53 (sunnywings), 56 (Ryan Green), 58 Cultura Travel/yellowdog), 59, 60 (Imagesource), 61 (Visage), 63 (Exotica.im), 64 (Judy Bellah); *iStockphoto:* 31 (laughingmango), 42 (hadynyah); *plainpicture:* 10 (Peter Nitsch), 38 (Robert Harding); *Shutterstock:* 5 (Galyna Andrushko), 40 (John Smith Design)

Verlagsgruppe Random House FSC® N001967

Druck und Bindung:
Everbest Printing Co Ltd

Printed in China

ISBN 978-3-424-15248-7
1. Auflage 2014